數位時代的
學與教

給教師的建議 **30** 講

王緒溢◎著

王老師的教育 + 科技

◎柯華葳（清華大學教育與學習科技系教授）

科技鋪天蓋地進入生活，人手一機，從學習到娛樂，包辦生活所需。但是，科技進入教室，可說是雷聲大雨點小。從幾乎二十多年前的科技融入教學到今日，教室有硬體，投影機、電子白板、電視機被晾一邊，諸多科技項目中最常被使用當屬麥克風。教育實際與生活現實的落差，不能怪有人嫌在學校學的東西走不出校門。王緒溢博士這一本書，就是希望說服與幫助老師認識科技是教學得力的助手，可以協助更有效、更能觸及每一位學習者的學習。

王博士是老師在先，科技人在後，他說的是教育科技不是科技教育。在書中王老師提出許多有效的教學理論與方法，換句話說，他看科技，由教育出發。他很清楚的問，「如果

沒有科技，教學會有什麼不同？如果沒有不一樣，為什麼要用科技？」例如教師花許多時間製作投影片上課使用，但由老師一頁一頁的播放、講述，王老師說：「如果可以，盡量不要用 PPT 教學。若必要，PPT 內容要提綱挈領，盡量精準，減低不必要的學習干擾。」王老師真的看到教學現場的矛盾。用還是不用科技？書中提出幾個指標檢視科技是否幫助學生更有效學習、更深層思考、更顧到個別差異。換言之，不論使用何法、何種工具，教師要想，為什麼用這方法、這工具。因此我說，這本書不是關於科技，是關於教學，是數位時代的教與學。

　　王老師走遍大江南北進班觀課，他說的故事，例如大陸的教學大賽，學生不是自己的，沒有辦法事前演練，更別說預習，而老師要當場展示教學。又如高中生英語課，讓學生在二十分鐘讀一萬多字的材料，都讓我大開眼界。但重點在，因著豐富的現場經驗，王老師提出一些很具體的指標，如建置資訊科技教學環境，至少要有六分之一的教室資訊化，三分之一最好，因為當規模不夠大，做不出效果。王老師也指出，與傳統教學很不一樣的是互動，透過科技互動。書中介

紹許多互動的學習，如小組討論、對話、合作，如何分組，如何執行，哪一些細微行為關係到小組活動的效果，值得教師們關注。

　　回到科技未登堂入室的困境。許多時候我們遲疑，想，教得好好的，幹麼改？沒錯。王老師回答是，今天好好的，不代表明天會一樣好。看似，他沒有回應。但，沒錯，昨天都好好的，今天學生卻不一樣了。例如學生看不了太多文字，一看到稍長篇章就放棄。教師們不能只嘆氣，學生不一樣，很難教。教師專業就是把難教的變成可以教的。王老師建議藉助科技，可以更快達成此專業。最後，王老師提出「少才是多、無才能有、慢才會快」。他幾乎變成哲學家，但這卻是心法，是王老師關心教育的反省。

智慧至上‧揚帆啟「杭」

◎溫利平（福建省上杭縣教育局副局長）

　　從每個週三對「王者之聲」專欄文章的期盼，到期盼這些文章結集成書出版，在我們的期盼和等待中，王緒溢博士的《數位時代的學與教──給教師的建議 30 講》一書終於要出版了。這將是一本實操性和理論性都非常強的智慧課堂實踐用書，它的出版將對實踐智慧教育的區域、學校和教師提供有力有效的指導，將給予智慧課堂一線的實踐者以更大更多的幫助。

　　對王緒溢博士的敬業、執著與追求，我素來是敬佩的，尤其是這一年來，每週一篇專欄文章，雷打不動在週三發表，這是智者與忍者的智慧分享，既為一線實踐者及時提供範例與指導，也是學者日新日進的自我累積與昇華。

　　四年前與王緒溢博士的偶遇，到此後的相識、相知，成就了上杭智慧教育的成長和成功。從王博士 2014 年第一次踏上閩西上杭這塊紅土地，第一次在上杭一中的報告廳舉辦智慧課堂的講座開始，他與上杭教育，與上杭教育人追求智慧教育的緣分也就開始了。這三年多來，他在上杭縣為教師們開設了十幾場的講座，他走進上杭中小學校的課堂，聽評了上百節的課，這些課，成就了上杭的智慧課堂，也促成了這本專書的出版。

　　三年多來的努力，終得始終，智慧教育在上杭縣已開花結果。2017 年，不論是上杭縣域還是上杭一中的智慧教育推進，都是一個可以值得用筆墨著力敘述的一個年份。

　　這一年，由這個閩西小縣──上杭縣的六位初中小學教師組成的「龍岩戰隊」，在浙江省杭州市舉辦的第二屆「兩岸智慧好課堂邀請賽」中，第一次組隊參加比賽的「龍岩隊」就超越來自一些大中城市的優秀戰隊，榮獲第七名的好成績。

　　這一年，上杭一中成功舉辦了以「資訊技術、新國考背景下的有效教學」為主題的龍岩市普通高中第十一屆開放周，「533 智慧課堂」教學模式獲得與會專家同行的一致好評。

　　這一年，「以 533 模式實踐優質高效的智慧課堂」課例在福建省 2017 年度基礎教育資訊化應用典型案例評選活動中榮獲中學組第一名。

　　這一年，上杭一中推進課堂教學改革階段性總結、打造智慧高效課堂的課改專著《以 533 模式實踐資訊技術與教育教學的深度融合──高中高效課堂的實踐與探索》由東北師範大學出版社出版。

　　這一年，上杭一中 38 位教師在全國全省課堂教學現場比賽和優秀教學案例評比中獲獎，在中央電化教育館主辦的「第十屆全國中小學創新課堂教學實踐觀摩活動」中，獲獎人數再次蟬聯全國高中組第一名。

　　特別值得一提的是，2018 年 2 月，上杭一中被確認入選第一批「福建省示範性普通高中」建設學校，而其最大的「功臣」就是三年來全校師生不懈努力開展的「533 智慧課堂」教學改革。三年多來對智慧教育的孜孜以求，我們得以邁入福建省一流高中學校的行列。

　　而這一切，我都會想到並要感謝一個人，一個在上杭縣和上杭一中智慧課堂打造、智慧教育推進方面作出了巨大努

力和貢獻的人，他就是第二屆「兩岸智慧好課堂邀請賽」龍岩戰隊導師、上杭一中「533 智慧課堂」教學改革顧問——臺灣國立中央大學王緒溢博士。這也是我，作為實踐者、受益者來推薦這本書的理由。

追尋已在路上，努力永不停步。

願與王緒溢博士及同仁在智慧教育的實踐中，惕勵精進，持續向前……

推薦序 **3**

我願意！

◎李嘉濤（香港副校長會主席）

　　隨著時代的進步，這十多年間，教育界出現了翻天覆地的變化，整個世界正處於一個資訊爆炸的年代，知識的增長達到了一個前所未有的新境界。教師身分也從直接傳授者變成知識促進者。學校如何透過發揮資訊科技的潛能，提升學與教效能，更是學校領導面對的挑戰。要讓學生能懂得運用科技幫助自己學習，教師就必須擔當重要的角色，但實際狀況是絕大部分的教師，在他們自己的學習路上，在自己作為學生的時候，根本就沒有利用資訊科技學習的經驗，如今要他們用上自己不熟悉的教學方法，對教師是一個不小的挑戰。這個時候，有幸讓我認識王緒溢博士，為我的教育路重新注入了動力。

　　2014 年 10 月 16 日，在香港學生輔助會小學的校園裡，我第一次碰上了王博士，也是首次聽見了「智慧教室」這個名詞，初步窺見了「智慧教育」的理念。這個碰面，直接影響了我往後的教學模式，甚至是我帶領學校的方向。當時得知有個博士會從臺灣來香港給我們介紹「智慧教室」，也覺得很奇怪，會有人這麼誠意地從臺灣特意來香港跟我們會見，而且會面只有大約一個小時，當時更是沒有任何形式的合作關係。在王博士短短 45 分鐘的簡要介紹中，我深深被這套「以學生為中心」的智慧教室吸引了，直接喊話「我願意」，加入「智慧教育」的懷抱。

　　2014 年 11 月 6 日，王博士再次遠從臺灣來到我校，以「打造一對一雲端智慧學校」為題，對全體教師進行了培訓。當時正值學期中，學校建設了兩間智慧課室，但要開始推動智慧教室的理念，一點都不易，唯有從自己做起。記得那時，只要不是上課的時間，我就每天都在「智慧教室」裡，只要課室裡的技術都掌握好，以便能在課堂上熟練地運用，更要找出適合學校和自己的智慧教學模式。記得那時有教師取笑我，那個課室是我的「蝸居」。

　　萬事開頭難，剛開始時毫無頭緒，不知從何做起，而學校更是香港唯一的一所學校使用「智慧教室」，沒有辦法到其他的學校「取經」。王博士一直從旁協助，更讓我去臺北參與 2014 全球科技領導與教學科技高峰論壇，讓我能與來自世界各地不同的教育工作者碰面，互相交流，擴闊視野。學校更於 2015 年 3 月及 5 月，分別舉行了「雲端一對一智慧課堂」發表會及「團隊合作學習模式研討會」，我也在其中開放了我的課堂，把智慧教室的經驗分享給不同的學校教師們。

　　接下來的日子，學校致力發展適合學校的智慧課室教學模式，期望一對一的教學模式能幫助學生更好地學習。教師能更快更準地掌握學生的學習情況，更因材施教，因應不同能力學生的學習需求，給予指導。學生更自主地學習，建立終生學習的態度，令學生保持著競爭力。2016 年 5 月我帶領學校另外兩位教師，到寧波與紹興，參與 2016 第一屆兩岸三地智慧好課堂邀請賽，與來自寧波、紹興、濟南、成都及臺北的戰隊，互相切磋，鼓勵教師專業成長。要全面擴展全校參與智慧教學模式，學校利用教研課的設計，讓全校教師

掌握「智慧教室」的軟硬體應用，改變了整所學校教師的教學模式。

2016 年 12 月，在王博士的帶領下，香港學生輔助會小學與臺北市志清國小、成都師範銀都紫藤小學及廈門同安區陽翟小學正式成立「兩岸四地醍摩豆（TEAM Model）遠距智慧教室聯盟」；2017 年，香港學生輔助會小學與臺北市志清國小及福州臺江第三中心小學成立「兩岸三地遠距智慧教室強校聯盟」，透過無線網路的傳輸及雲端技術，搭建起跨地區（臺北、香港、成都、廈門、福州）的優質教育資源互惠、共享平臺，加速推動兩岸智慧教育服務模式和學習方式新變革。

我們已進入到數位時代，整個教與學的環境都出現了極大的變化和挑戰，王緒溢博士所說：「少才是多，無才能有，慢才會快。」將繼續引領著我走智慧教育的道路，為我們的下一代努力。

推薦序 4

想在教學上更好的您，一定要看！

◎林欣玫（臺北市雙園國小教師）

這幾年，自己持續運用不同的教學方法及各項的科技設備，希望能在教學中創造更多的可能性。「什麼樣的教學比較有成效？如何能豐富教學活動？在課堂進行當下，怎樣才能知道學生的想法？如何更快做出教學決策？這樣的教法能讓學生學習更好嗎？怎樣才能讓不同差異的學生都能學得好？」……。許多的困惑及疑問，時常出現在教學過程中。

2015 年開始，有機會跟著王博士到福建擔任公開課教師及工作坊講座。在每次活動前、後的討論中，王博士都會以他多年在教育現場觀察經驗，精準點出我教學中的盲點，指導我調整教學內容，引導我思考更好的教學方式。而「王者之聲」更是每周三一定會上網閱讀的專欄，它對我這個第一

線的教育工作者幫助非常大！

　　在「王者之聲」文章中，介紹了不同領域的創新教學設計，這些優秀的教學設計給了我很多教學上的發想，並將這些發想轉換成自己課堂實際可進行的教學活動，豐富了我的教學內容；釐清了許多教學上的迷思及盲點，提醒教學設計或課堂實施時應該注意的事項，讓我能反思自己的教學過程、修正自己的教學內容；解讀了生硬的理論，用貼近教師們理解的文字與實例，讓我更清楚了解以往似懂非懂的教學理論，進一步在教學中實踐。真高興「王者之聲」的好文章能付梓，這精選的 30 講，就像它帶給我的一樣，相信也能帶給大家許多心得與想法。

　　「沒有最好，只有更好！」邀請想要在教學上更好的您細細閱讀這本書，從書中了解理論、啟發想法、看見實例、學到方法，最後若能在課堂實踐，相信一定能創造出另一番課堂風景。

自序

我的「王者之聲」

寫作可以整理你的思維，
並加深你對主題的理解。
就像教學一樣，
寫作的人往往是那個從寫作中受益最大的人。

～約翰・修伯～

　　約莫二十年前，和夥伴們每年都要寫上幾十本電腦書，才能應付人們對於學習電腦，求知若渴的需求，幾年下來合著的書累積將近兩百冊，雜誌曾形容是「著作等身」，其實不只等身，書堆起來已經遠超過自己的身高了。甚至 2000 年第一次到北京書店裡逛逛的時候，赫然發現怎麼自己寫的書擺在架子上，封面、內容一模一樣，可編著者卻不是我的

名字。

電腦書是工具書，編寫者很難稱得上是作家，因為只需要把軟硬體的操作步驟寫清楚就行了，缺少思想與文字的功夫。不過當年在編寫電腦書的時候，規劃內容編寫格式、選取題材、敘事方式等積累了許多經驗，雖然文字功力不是頂好，但能把電腦書寫清楚，應該也算是有駕馭能力了。這些都使自己對寫作有初步的感受。

後來在碩士和博士階段分別寫過研討會論文、期刊論文和學位論文，這些都是嚴謹的寫作訓練。在構思與撰寫這些論文的時候，最常做的便是每天花固定時間，坐在研究室裡、咖啡館裡，一圖一圖地畫、一字一字地寫，字斟句酌，務求完整而精準地傳達所思、所想。雖然是用英文寫，但使自己對於寫作的想望又加深了一步。

2015 年接觸到大陸知名的《羅輯思維》，每天 60 秒語音和每週一支影片，天南地北地講，「羅胖」持之以恆地做，除了佩服，終於觸動了自己心裡那個作家夢，心想：「我也可以吧？」就從那時起，「動筆吧」的聲音一直在心裡呼喚。

2017 年終於開設「王者之聲」專欄，從 1 月 4 日第 1 篇

文章上線開始，每週三上午 8 點鐘都有一篇繁簡體文章同步在 Facebook 粉絲專頁和微信朋友圈公開發布，一整年僅有一次因為出差在外，手機無法上網以致延遲將近 1 小時上線之外，其餘都能準時發文，包括 1 月份搭機到倫敦，趕在半夜 1 點（臺北時間上午 8 點）一抵達民宿時將文章發布出去，沒有延遲。雖然無法確知有多少人會準時進入專欄瀏覽這一篇篇文章，但基於對所有關注這個專欄讀者的承諾，除非萬不得已，再困難都得把它辦好。

為了寫好這個專欄，每一篇文章幾乎都要花上將近 15 到 20 小時才能完成，每週一篇的壓力，逼得自己得把工作以外的所有時間都花到這上面來，每個假日都坐在電腦前面寫，有時腸枯思竭，有時寫了一半又全部刪掉重來。年假期間寫、飛機上寫、度假海邊寫、頂著時差在國外飯店裡寫，為了趕上週三大限的週二晚上熬夜也寫。

這個專欄到底在寫些什麼呢？自然是我在工作和過往學習經驗總結出來的所見、所思、所得嘍。

近十幾年來的工作把我帶到歐亞大陸上許多國家，接觸到許多不同文化背景的人，旅途上難免偶有奇遇。像有一次

在從約旦安曼前往死海的路上，人坐在車裡，迎面而來的羊群有幾百隻，牧羊人趕著幾隻領頭羊，領著龐大羊群優閒地朝車子走來，那種一般人難得的經驗，實在讓人興奮異常。不過接下來人雖然到了死海邊上，卻沒時間下水去漂浮一番，也沒能塗上死海泥美容一下就得朝機場趕，也算獨特的經驗吧。

　　也許有很多人，特別是年輕朋友很羨慕擁有這樣的工作機會。也的確是，這的確是我的幸運，但其中的甘苦還真不為外人道。一年總有個幾次，踏出家門要到 24 小時後才能躺到飯店床上舒服地休息，作息也被打亂了。還記得有一次在阿曼教育部活動上我提到自己的工作需要經常旅行，坐在旁邊的校長帶著羨慕眼神跟我說，她也好想要這樣的工作，我只能語重心長地回她，很多事情其實沒有表面看起來那麼美好。

　　到這許多國家，無論是中東地區的伊斯蘭國家、東歐的東正教國家，或是東南亞的佛教國家，最常做的事就是面對大眾演講、進入教室觀課，以及與教育同行交流。透過觀課，我發現不同文化間教育的相似與相異之處；透過交流，我理

解不同文化對於教育的觀點；透過演講，我學會掌握聽眾情緒與精準的訊息傳達要領。

在英國的中學課堂上，學生們雖然坐在階梯教室裡，但當進行小組活動時，他們自然的或站或坐圍在一起，不需要特製的小組合作課桌椅，就能開始交流研討與動手實作，完全不受環境不便的影響；又如在香港小學的英語課堂上，老師採全英語上課，學生不須任何中文翻譯，全都跟得上腳步。不同地區、不同國家、不同文化下的教學特性，老師們若能聽到並了解，不僅能擴展教學視野，更可為學生的學習模式開創新的可能。

這些我想值得和廣大的教育同行分享。

在這個資訊科技充滿生活周遭的時代裡，教育幾乎是那最後一哩路，科技與教育融合是不可避免的趨勢。在觀課中經常發現許多老師對於運用資訊科技有不知從何下手的徬徨，當然也有一些極富創意的老師，透過科技使課堂展現不同的風貌。他們需要一座橋梁連接起來，我想我可以！

就這樣，專欄的方向終於定調，寫作終能展開。

我透過一篇篇文章，闡述教學必須「言之有理，行之有

道」的思維。所謂「言之有理」是，當進行教學設計時是以什麼樣的教育理論來支撐，而不再理論是理論，實務是實務，基於理論的實務可以幫助教學設計更加周延，教師對自己教學的說明要能立基於理論；「行之有道」指的是課堂上的教學策略是採用哪一種教學法，採用設計完善的教學法，教師就能盡可能地照顧到所有學生，每一個課堂上的細節處理都是言必有據，也就能減少隨興而至的不合宜教學策略。最後我在〈少才是多・無才能有・慢才會快〉這篇文章給出了資訊科技融入教學心法，也是給老師們的總結建議。

　　本書得以完成要特別感謝兩岸三地老師們的協助，包括臺北市雙園國小林欣玫老師、臺北市志清國小徐慧鈴老師、臺北市新生國小退休老師徐蕙君、香港學生輔助會小學李嘉濤副校長和黃恆之老師、福建上杭一中邱克榮老師、福州屏東中學鄭天宇老師、杭州師範大學東城實驗學校雷聖鋒老師、福州寧化小學周肖禹老師等的傑出創意並提供相關素材，還有其他許多允許我觀課並啟發我思維的老師們。也要感謝海峽兩岸讀者對「王者之聲」專欄的關注與支持，以及陳彥璘小姐平時和我的研討並協助資料整理與校對，成書最後階段

柯華葳教授在文章選材上的指導和徐慧鈴老師在編排階段的盡心協助,更感謝幼獅文化公司劉淑華總編輯的支持及工作團隊對本書出版的付出與辛勞,最重要的是,感謝在專欄集結成書時願意帶回一本收藏在書架上的您!

希望這本書能真正幫助身處數位時代的老師們,每天反思自己的課堂,不斷精進自己的教學,帶給學生更好的學習體驗。

2018 于臺北

目錄

踏出成功的第一步

資訊科技融入教學的創意應用

以課堂互動觸發並深化學生思考

打造有效的小組合作學習

掌握學生差異提高學習成效

學生本位的課堂

能做到比教育均衡更多的遠距教學模式

專注教師專業發展才是成功之鑰

踏出成功的第一步

上好一堂資訊科技融入教學的課

　　在一次的香港學校參訪觀課的場合中，負責推動資訊科技融入教學的李副校長告訴我：「當他入班觀課越多，越覺得教師在課堂上有使用跟沒有使用資訊科技，在教學效果上差別實在非常明顯，教師和學生有使用科技上課的班級，課堂活潑生動，氣氛熱絡，教師對學生學情的掌握度高；反之，沒有用的班級課堂就遠不如應用資訊科技的教學效果。而且隨著教師對於科技掌握的熟練度越高，差距越大。」

　　回想一場在大陸中央電教館主辦的新媒體新技術創新（互動）課堂教學大賽的現場賽課中，看到一位擁有超過二十年教學經驗教師所任教的高中語文課，教師在課堂一開始就讓同學閱讀一篇一萬多字的材料，在這二十幾分鐘學生閱讀教材的時間裡，教師在教室內行間巡視，並利用手機拍攝學生的桌面情況發送到電子白板上。學生閱讀完後，教師出了幾道題目，讓學生以手中的反饋器（clicker）作答，並

逐題顯示答題情形，大多數題目學生的正答率都相當不錯，其中一兩題的答對率更達百分之百，教師顯得非常滿意。

　　能到這個最高殿堂現場賽課的教師，都是從大陸各地選拔出來的資訊科技融入教學高手，但從這堂現場課中可以看出即使這麼有經驗的教師，都還是會踩到資訊科技融入教學的誤區，包括為了展現手機拍照功能而拍攝學生活動、即時反饋系統（Interactive Response System, IRS）只作為選擇題檢測答對率之用等，而這很顯然是因為沒有掌握科技應用教學的本質。至於讓學生花超過一半課堂時間來連續閱讀材料，則是教學策略的選擇問題。雖然因為是現場課，都不是教師原來熟悉的學生，無法要求他們課前預習，但在課堂活動安排上應該可以有更好的方法，尤其是結合 IRS 更容易做出相應的調整。

　　另觀察 2016 年第一屆「兩岸智慧好課堂邀請賽」的現場賽課，由香港學生輔助會小學李嘉濤副校長擔任的語文科「人物描寫」單元教學中，便展現出不同的資訊科技融入教學風貌。

　　人物描寫單元的教學模式如下圖。教師以《西遊記》讓

學生分組討論故事中人物的性格來導入課程，然後由同學搶權回答討論結果。除了引起動機的效果外，這段教學還讓學生熟悉如何使用恰當語詞來形容一個人物。接著教師在電子白板上顯示一段描寫人物性格的短文，全班閱讀後學生以反饋器回答教師提問，選出心中認為最適合用來形容短文中人物的詞語，顯示投票結果後進行小組討論，然後讓學生對原題再作答一次，並請同學發表自己選擇的原因。這段教學培養學生從文章中提取訊息之後，分析不同選項中的形容詞和自己所提取訊息的合適度，再經由組內討論比較後進行二次作答。這裡還有一個教學上的細節是，嘉濤教師會根據學生作答分歧度來決定討論時的小組人數，投票集中度高時兩人一組，反之四人一組。

第三段教學教師以**人物性格對對碰**遊戲讓學生應用前面所習得的技能。遊戲是以小組方式進行，每組拿到一疊詞語卡和一張職業卡，小組必須討論並從一疊詞卡中選出三個語詞排序，然後以平板拍照依組別分別傳送到不同照片收集區中，收集全部的語詞照片後，教師隨機挑選組別，依序顯示該組的語詞卡，再由各組猜測該語詞是在形容哪一種職業，

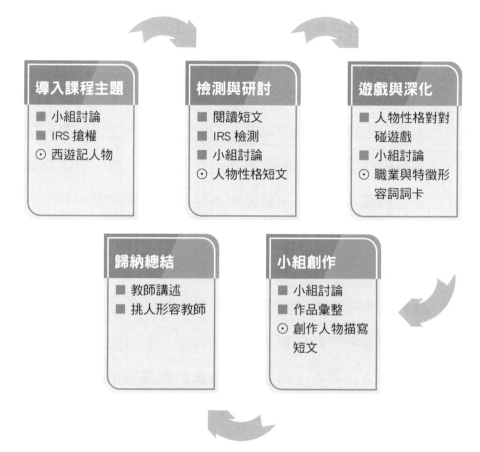

人物描寫單元教學模式

依猜中的語詞序給該組計分。越快被猜中表示該組選擇的語詞特徵性越強，得分也越高。進行小組討論時，教師行間巡視並適時介入，協助小組的討論過程。這段教學要求學生反過來從眾多語詞中選出符合某項職業特徵的形容詞，再安排

這些語詞的合適度順序。透過不同面向的教學內容鋪陳，深化學生的學習。

接下來是應用情節，由小組討論挑選一位班上同學作為主角，共同創作一篇不揭示姓名的短文來描寫這位同學，創作完成後拍照上傳，教師挑選幾組作品讓全班猜一猜這篇短文是在形容哪一位同學。最後環節是教師總結前面的教學，整理人物描寫技巧，並在挑選幾位同學使用語詞來形容教師後畫下句點。

分析**人物描寫**單元教學可以總結出教師不僅善用科技來獲取學情和彙整作品，更透過團隊合作、小組討論的策略盡可能擴大課堂參與度，再以遊戲設計調動課堂情緒，並經由小組競賽使學生聚焦於課程內容。

對教師來說，要將資訊科技融合於自己的教學活動中，說難不難，說簡單倒也不是很容易，課堂教學效果大致可以分為 BAT 三個等級。B 是指基礎 Basic，A 是高階 Advance，T 則是頂級 Top，但無論哪一級，都要以教學為核心，而不是展現科技能力。只要能將資訊科技的應用做到取代部分活動，達成至少與未使用科技前同等效果的教學，便可達基礎的 B

級標準，例如教師能熟練地用筆在電子教材（PPT 檔案或多
媒體電子書）上畫記點選、以電子教具繪製三角形或測量角
度、播放教學影片、操作動畫模擬實驗等。但要注意的是，
取代的只能是教學活動，而不是教師，所以如果英語教師自
己不朗讀課文而改以點選電子書中的聲音檔代勞，那實在不
是一種好的科技融合方式。

　　進階 A 級的資訊科技融入教學至少要達到〈以差異化
教學打造好課堂〉（請見本書第 166 頁）一文中提出的生成
（Student-generated）性教學、團隊合作學習（Team-based
learning）和差異化（Differentiation）教學的 STD（STanDard）
標準。教學中採用現成資源只能達到知識概念的單向傳遞目
的，且這些資源不一定真正符合學生學習當下的認知發展需
求，透過科技將學生產出的資源，包括按鍵回答提問、拍攝
採集學生作品、蒐集分類學生訊息等，將它們反饋到教學活
動中，作為教學活動安排的參照，能夠有效幫助教師掌握真
實學情；小組形式的學習團隊安排能使全員參與其中，並達
到學習活動層層遞進的效果；差異化教學則是教師必須根據
學生課堂表現，分別給予不同程度學生合宜的任務安排。

　　頂級 T 級的融入教學展現出一種教師信手拈來、從容不迫的優雅，課程主線清晰、脈絡分明，學習成果清楚浮現在師生眼前，科技穿插其中幾乎「無形」、「無感」，但又讓人清楚覺察到缺少它們，將無法達成這樣的教學境界。學生在課堂中不僅能習得認知層面的教材內容，還能培養技能與情意層面的團隊合作技能與習慣。

　　資訊科技助力教學的最大功用，在於教師可以即時獲取全面性的課堂活動數據，包括按鍵回答提問、輸入文字表達想法、繪製圖形與編寫作業等，藉由這些數據的彙整、比較、分析，教師能對學生所表現的學情立即採取有效策略來應對，使學生能在一堂課中同時做到自學與群學的學習型態，在每一個學習基礎上更進一步思考與釐清概念，取得真正、可持久的學習成果。而評估這樣的課堂有多好，關鍵就在教師對於數據的掌握與解譯能力，以及反應在教學活動的每一個魔鬼細節。

關於資訊科技在教學應用的二三事

　　在教學中引入資訊科技的應用發展有一個脈絡可循。上世紀七〇年代開始發展的電腦輔助教學（Computer Assisted Instruction, CAI）軟體，試圖讓電腦扮演教師的角色，學習者只要坐在電腦前面，就可以依照軟體設計的教材內容，透過教導（tutorial）、反覆練習（drill & practice）、遊戲（game）或模擬（simulation）的方式來學習。這項嘗試雖然未能達到預期的目標，但卻成功帶起教學中應用科技的發展趨勢。1985 年美國蘋果電腦公司展開一項長達十餘年的明日教室（Apple Classroom Of Tomorrow, ACOT）計畫，透過在教室中布置多部小組用電腦的設計，開啟多媒體電腦進入課室的先河。臺北市於 1998 年推出「班班有電腦」政策，在所有教室安裝多媒體電腦和投影機，教師於教學中開始使用簡報軟體來上課。

　　受到 ACOT 十年報告書的啟發，國立中央大學的研究

生和教授預期未來每一位學生在學習時都會使用一個數位終端，因此在 1999 年開展一項名為「高互動教室」（Highly Interactive Classroom）的研究，企圖先一步探索當學生擁有個人終端之後，教學與學習將會產生何種轉變，以及應當如何因應。研究人員在 Wi-Fi 無線網路問世之後，於 2000 年開始研究強化版的高互動教室，在微軟於 2002 年推出平板電腦（tablet）之前，就為學生配備無線通訊與手寫功能的上網電腦（Web pad），提出「電子書包」概念，並具體落實於課堂內教學以及戶外行動學習。2003 年，研究人員在智慧型手機尚未普及之前，嘗試為普遍常見的學生用電子字典加上無線通訊功能，研究不同螢幕大小、不同輸入方式的個人終端，能為學習提供哪些不同的服務。

高互動教室研究不同學習終端的教學應用

　　世界許多國家地區也在 2000 年前後開始推出大規模的教育科技應用計畫，包括新加坡的「資訊科技在教育應用總藍圖」、香港的「資訊科技教育策略」、美國的「為美國學生進入二十一世紀做好準備」、臺灣的「中小學資訊教育總藍圖」、土耳其的「提升科技與教育機會均等行動計畫」FATİH、泰國的「OTPC 一生一平板計畫」、南韓的「教育資訊化總藍圖」、日本的「資訊科技在教育應用願景」、大陸的「教育信息化十年發展規畫（2010-2020 年）」，以及中東和南美洲多個國家都有各式各樣的政策，這些政府力量將科技在教育上的應用從研究帶入實用，期待藉由科技的助力達成教育現代化目標。

　　或許是科技演化的腳步實在太快，當教師一開始接觸資訊科技，嘗試將它們應用於自己的教學時，常會看到連經驗豐富的教師都會迷失其中，也就是只顧到運用科技的功能，而忽略了教學的主要目的。例如一堂大陸特級教師執教的小學數學課，教師從頭到尾手上拿著平板在操作 PPT 教材翻頁，絕大多數時間教師都藉由 PPT 上的動畫影音，搭配她生動的講課風采來吸引學生的注意力。過程中穿插一兩個問題讓小

組學生一同討論解題，再從舉手的學生中挑人起來回答。最後則是讓學生拿出個人平板，跟隨平板中的遊戲式練習來答題，教師從白板上即時呈現的答題統計資訊了解作答情形，多數題目絕大多數學生都能做對，只有其中一題有四位同學答錯，教師說出正確答案後，點名這四位同學要在課後多加練習。

　　這麼一堂課看似精采，但深究內容想想，如果教師不用這些科技，她的教學會有什麼不同？如果沒有不一樣，為什麼要使用這些科技？如果有，它顯現在哪些環節？科技讓她的教學變得更好嗎？

　　多數人都同意，科技在教學中扮演的是輔助性角色，是一項工具，它不能喧賓奪主成為課堂的主角。然而這個工具角色卻不能小覷，用得好它能發揮很大的作用，讓教師的教學質量向上提升。對比同樣透過反饋功能進行的教學，在〈課堂上的對話、互動與思考〉（請見本書第 88 頁）一文中提到的鄭天宇教師，他在學生作答後並不直接讓學生知道正確答案是哪一個，而是經由揭示每一個學生的答案，從中挑選一兩位來說說為什麼選擇那個答案，讓每一位聆聽的學生可以

對比他的想法和自己的有什麼差異，是他的比較好還是自己的。接著教師再讓學生作答一次，他發現有幾位學生的選擇改變了，這些改變是因為他們聽了前面幾位同學的想法所帶來的，經由認知衝突的學習才能使學生產生真正的內化，深化他們的學習。

因此思考如何讓資訊科技在教學上應用能夠產生效果、帶來課堂轉變時，第一件事要想的是**差異**，使用科技必須為課堂帶來不一樣的風貌，找出沒有科技就辦不到的差異性。如果只是單調地播放 PPT 教材，加上拿起筆在電子白板上為教材畫記解說，即使 PPT 教材的動畫和聲音再怎麼豐富，和一個善於表達的教師教學相比，其差異性不會太大，甚至有人可能會認為沒有科技反而更好。在〈教什麼？怎麼教？何時教？〉（請見本書第 74 頁）一文中介紹邱克榮教師的數學課，他在課前讓學生預習，課堂一開始便針對預習的內容要求學生解題，利用 IRS 收集他們的作答，一一保留答題的統計圖，不做正誤的判定，經過課堂一段時間的教學後，在該節課結束前重新回到那些預習檢測題，請學生再次作答，對比答題統計圖會發現，絕大多數學生都能自己改正，教師並

不需要一題一題重新解說。這樣子運用資訊科技便完全顯現出沒有科技就達不到的教學效果。

　　第二件事則是**互動**，資訊科技在教學應用的核心在於，透過科技觸動人與人的互動、人與教材的互動，以及人與數據的互動。邱克榮教師在給學生的解題都是教材中現成的題目，前 3 個是選擇題，非常適合使用 IRS，第 4 題則是填空題，教師將它轉化成選擇題，透過隨機挑人的方式，把學生演算的答案變成選項，這時每一個選項無論對錯都代表班上一定數量學生的思維，因為都來自學生的計算結果。他經由學生將原本教材進行轉化，做了非常精準的人與教材互動演示。鄭天宇教師對同一個題目，經由一次、再次、三次的作答，每一次都經由數據發掘出改變想法的學生，讓他們對全班同學說出改變的原因。透過這樣的互動，數據不再是死板板的數字，而是能帶給課堂生命力的點火器。無論是人與教材互動或人與數據互動，其目的都在帶動人與人的互動，讓課堂充滿思維的碰撞和有意義的對話，而不僅僅是追求正確的答案而已。

　　藉由**差異**與**互動**，能使資訊科技為教學帶來創新，活化

課堂。賈伯斯在談論創新時已經給出了指引，他說：「『創新』就是把不同的要素結合起來。如果你有比別人更多的體驗，或者對自己的體驗思考得比別人更深，那麼你就能夠將這些東西結合起來並產生新的東西。」只要思考得比別人深、比別人有更多的體驗，每一位教師都能善用資訊科技來創新教學。

第3講

沒有科技就難以達成的教學效果

　　每一位教師對於在教學中使用資訊科技的喜好程度不同，一般而言，資淺教師的接受度較高，但資深教師常能利用資訊科技展現較好的教學效果，也就是比較能夠基於對教學的理解和經驗來使用它們。

　　那麼有哪些是沒有使用資訊科技就達不到的教學效果呢？根據觀察有使用和沒有使用資訊科技的課堂教學來進行對照，會發現以下幾項是資訊科技為課堂帶來的效果是傳統教學所無法比擬的，而且它們提高了教學效率。

實作示範

　　教師經常需要於教學中對全班同學進行示範，包括美術、手工藝、書法、科學實驗等，學生看過示範之後，再依照教師所演示的步驟或技法，自己加以練習。在傳統課堂上，由於教師示範通常是較細微的動作，例如毛筆握法與筆順、畫

筆運筆方法、實驗注水位置等，這些細微動作要讓每一個學生看得清楚，只能讓他們幾個人一個小組，站到教師旁邊來看仔細，但這樣教師必須多次演示，相當浪費時間。

實物提示機是解決這個問題的最佳工具，只要將鏡頭對準示範操作區域，就可以在電子白板或大尺寸觸控顯示屏（或稱觸摸一體機）上看到投射的影像，學生不必再分組一組一組地來到教師身旁看示範。教師甚至可即時擷取影像，或將示範過程錄成影片，讓學生可以一邊看著重播的影片一邊練習。〈什麼是課堂上的好教材？〉（請見本書第 178 頁）一文中介紹了上杭一中劉家祥教師在物理課實驗時，利用提示機連續拍攝電表上電流強度指針，記錄實驗數據，以及〈聽周杰倫．畫青花瓷〉（請見本書第 62 頁）一文介紹的杭州雷聖鋒教師在提示機底下示範青花紋飾畫法等，都讓教學展現更好的臨場與展示效果。

除了實物提示機之外，利用與教學電腦連線的智慧型手機拍照、錄影，或進行現場直播等，不同的工具都能使示範教學更有效率。

基於學情的教學決策

資訊科技融入教學的教室裡，學生必須至少使用一種科技終端來參與課堂活動，藉由學生終端，教師可以即時蒐集學生的反饋，包括按下的按鍵號碼、輸入的文字、繪製的圖片或編輯的文件等。學生的所有反饋都可以讓教學軟體即時處理，將數據繪製成統計圖表、編排文件或圖像進行對比分析，或是分類處理接收到的訊息等，這些反映的都是最真實的學情，有經驗的教師就能夠根據這些反饋資訊做最有效的教學安排。

例如以 IRS 蒐集到的學生按鍵數據，教師可以根據教學需要顯示學生個人選項、小組統計圖，或全班統計圖，還可以進行相同問題兩次不同回答的比較。

從最表層的應用上，教師提問、學生在 IRS 即時反饋系統之後所顯示的統計圖，可讓教師立即得知學生對於前一段教學內容的掌握程度，據以即時調整內容與進度。進一步透過二次或多次作答的數據比較與討論，刺激學生間針對同一個問題、同一個概念的深度對話，有效訓練學生思維的方向與內容。〈教什麼？怎麼教？何時教？〉（請見本書第 74 頁）、

〈課堂上的對話、互動與思考〉（請見本書第 88 頁）、〈融合反饋系統的發現式學習法〉（請見本書第 100 頁）等多篇文章中介紹幾位教師的創意課堂，都是這類教學的極佳典範。

　　若要更加深入善用學生反饋調整教學，還可藉由小組數據統計，得知同一小組內部成員想法分歧，以及小組與小組彼此間差異比較，進而提供不同材料或指派不同學習任務給不同小組，實施差異化教學。

數據可以進行個人、小組或全班統計

多視角呈現 3D 圖像

　　隨著電子白板和觸摸一體機的顯示面積越來越大，電腦運算速度越來越快，加上 3D 圖像技術日趨成熟，使得在課

堂上運用 3D 顯像技術幫助學生從多個視角觀察一個物件，以便深入認識該物件細節的教學更加方便，例如雷聖鋒教師操作青花瓷 3D 圖像進行青花紋飾觀察，引導學生認識青花紋飾畫法，有助於隨後的個人創作。

除了單一物件的 3D 檢視外，類似谷歌地球[1]（Google Earth）、藝術與文化[2]（Google Arts & Culture）等網站，將空間、時間、古蹟、藝術品等人類珍貴資產做了詳實記錄，教師可以在課堂上進行空間穿越與時間旅行，帶領學生深入探索自然與人文資源。

作品蒐集與比較

課堂上經常需要展示學生的創作、練習、作業或解題過程，利用實物提示機除了能同時進行蒐集、傳送與展示外，還可

彙整學生作品可進行對照比較

1　https://www.google.com/intl/zh-TW/earth
2　https://www.google.com/cultural institute/beta/

以一次彙集多張在同一個頁面上，方便進行對照與比較，例如美術課不同技法的對比、數學課同一題目不同解題法的比較等，都能幫助學生更好地理解課程內容。

除了使用實物提示機、智慧型手機等工具之外，學生也可以在自己的平板解題，上傳到教學軟體中彙整起來，再由教師從中挑選代表性作品或典範解題方法進行比較教學。

無縫學習

無縫學習（seamless learning）是資訊科技對教學與學習帶來的最大幫助之一，它打破時間與空間轉換的隔離與限制，使學習不再有課前、課中、課後之分，而是連貫且持續的歷程，學生在空間轉換與時間推移之際，仍能使學習內容與活動持續不斷。

傳統教學中，學生在課堂上大多要拚命記筆記，將教學所有內容記錄在個人筆記中，課後則複習這些筆記以溫故知新。現在透過學生終端和雲端平臺，教師教學在電子白板上對教材所做的注記，可以轉換成文件檔案，課後上傳雲端；包含教師講課聲音的課堂教學錄影，一下課便能上傳雲端平

臺；課堂上進行的形成性評量記錄，課後上傳雲端進行統計分析，並產出診斷報告。這些在課堂上產生的材料，學生課後打開手機或平板 APP 就能直接讀取文檔、觀看影片、閱讀診斷報告、查詢學習歷程。

即使要進行翻轉課堂教學，教師也可以將課程安排在雲端平臺上，學生在家先以手機或平板觀看影片或閱讀教材，並做完指定的測驗題目，以及在網上進行初步討論，進到教室上課之前，教師已經有了學生課前預習的記錄與評量數據分析，會使課堂教學更具針對性、更有效率。

將個人終端、雲端平臺等資訊科技融入教學中，教師必須思考如何能夠展現科技的特性，幫助教學達到更好的效果。唯有清楚認知到科技的優勢，結合個人的教學經驗，方能使效益最大化，而教學型態的轉變也就自然而然隱身其中。

資訊科技融入教學的成功之道

可能有人會覺得奇怪，為什麼要談這個題目，現在教師的教學不是都用上資訊科技了嗎？在看下面的兩個場景之前要先定義，教師上課只使用 PPT、純粹利用投影機投影電腦畫面，或單純使用電子白板，這些並不列為真正的資訊科技融入教學，因為這些應用未能真正發揮資訊科技的特性。

場景一

一位父親問正在念高中的女兒：「妳們歷史課老師都怎麼上課的啊？」

女兒回答：「就老師在黑板上一直抄筆記，我們把它記下來，背起來。」

父親：「妳們教室不是有電腦嗎？怎麼老師不用？」

女兒：「老師說課會趕不完，所以不用。」

場景二

一個國中課堂上教師手持平板在上課，每位學生也都使用平板，教室內有一位技術人員隨時在旁待命，確保系統運作順暢。

結果因為幾個班級同時使用，網路無法負荷，教師和學生無法透過平板互動，技術人員一時也無法排除問題，使得課程無法推進，最後教師用回黑板、粉筆加課本的老方法。

用這兩個場景來回答前面的問題：

1. 不是所有教師都做到資訊科技融入教學，雖然教室內都有資訊設備；
2. 使用有些資訊科技系統在教學上，常常需要技術人員隨時待命，特別是學生使用平板來上課。

針對第一個場景的現象，根據觀察在中學，特別高中是比較普遍的。中學由於有升學壓力，多數教師仍然覺得傳統講述式教學才可確保課程能依照預定的進度教完，有教過學生才能學得會，也才能應付升學考試。

針對第二個場景的現象，部分教學領導者和教師會偏頗地認為，使用平板之類的資訊科技才顯得高端、大氣，因此選用科技時並不考慮實用與適用性。再者就是，若使用科技時必需有技術人員陪伴，根本就無法做到全面普及。

談論資訊科技融入教學的成功之道時有三點要釐清，第一是「資訊科技」，第二是「教學」，第三則是要定義「成功」。

所謂課堂教學使用的資訊科技必須包括教學科技和學習

科技，教學科技主要是教師用於授課，投影機、觸摸一體機、電子白板等都屬於這一類；學習科技則是學生用於課堂學習，包括即時反饋系統、平板電腦、筆記型電腦等都屬於這一類。另外則是基礎設施，包括電腦、網路通訊、雲端平臺等。

若教師單純地用電腦播放 PPT，透過投影機投射畫面進行教學，本質上和傳統使用黑板和粉筆那種單向知識傳遞教學的差異不大，所以不能算是資訊科技融入教學，或說隨著科技的進步，那種形式的時代已經過去。

大多數學校都不難找出幾位擅長於資訊科技融入教學的教師，但若僅有這幾位教師的課堂能把資訊科技應用地非常好，也無法稱這個學校的資訊科技融入教學成功，而是必須達到「課堂用，經常用，普遍用」這三個標準。

所謂的「課堂用」指的是資訊科技的軟硬體必須配置在普通教室中，讓師生在日常課程中使用，而不是買設備卻只有上戶外課或特定學科才用；「經常用」指的是必須平常就在使用，而不是專門用來給人參訪時的公開課才用；「普遍用」則是要顧慮到普及性，盡可能讓所有學生都能用得到，不是只有特定班級的學生才能使用，而且也要盡量所有學科

都能用到。發展資訊科技融入教學若能考慮這三點，會有助於活化學校的課堂教學，也才是真正的成功。

　　個人觀察過許多學校，包括評選出來的行動學習典範學校，最難做到的是「普遍用」這一點，特別是在教師平均年齡偏高的學校，推動的難度更大。在一些被視為成功的學校裡，常會發現能叫得出名號，把資訊科技在課堂上應用到順暢的教師常常就是那幾個熟面孔，公開課看來看去也就那幾位教師。若真要定義怎樣是達到「普遍」的標準，可以參考〈推動資訊科技融入教學要做好的第一件事〉（請見本書第242 頁）一文介紹的羅傑斯和摩爾兩位教授提出的理論。創新擴散理論提出創新擴散的五個過程，跨越鴻溝理論則指出一項創新科技能否普及，最主要關鍵，在於被接受度是否能夠跨越五個過程中介於早期使用者與早期大眾之間的那道鴻溝，大約是 16% 的普及率，也就是六分之一的比例。當科技被接受度超過 16%，則會有更多的使用者慢慢接受它，直到普及至大多數人。

　　至於資訊科技融入教學的「普遍用」標準，由於學校教師年齡結構不同一般環境，且科技使用必須融合教學的複雜

度高，所以應將這個標準訂在一般科技跨越鴻溝的兩倍，也就是校內三分之一以上的教師都能經常在課堂上使用，才能說是真正達到「普遍」的目標。當有三分之一以上的教師都實施資訊科技融入教學，在一兩年之內應該就能達到全面融入的目標。

那麼如何達到三分之一的「普遍用」標準呢？

第一，在一開始建置資訊科技教學環境時必須直接跨越鴻溝，也就是將校內至少六分之一的教室資訊化，能夠達到三分之一以上當然是最好。有許多學校在嘗試新應用時因為不清楚成效或是害怕失敗，所以只先在一兩個班小規模地試驗，而這個試驗常常找的是創新意願較強的教師，看到效果不錯之後便大規模導入，結果卻反而做不出成效。類似這種試驗初期取樣錯誤導致失敗的案例比比皆是，因為這個取樣並不具整體代表性，以致錯誤引導後續的作為。

對於試驗計畫或是先導計畫，目的並不在證明所試驗項目的成功及可推廣性，而是要找出會導致失敗的要素，真正學習經驗才能對症下藥，取得未來大規模推廣的勝利。

第二，建立可複製的教學模式。每一位教師都有個人化

的教學經驗，特別是教學的固定程序，例如自然科教師的實驗教學經常有固定流程，或是數學教師在教學解題時的一定程序等等，但是很少有人將這些經驗具體化，以至於有時顯得鬆散，更使得教師彼此間好的教學經驗無法交流。當模糊的教學經驗碰到操作上較為複雜的資訊科技時，往往使教師只會專注在如何使用科技，而將本身擁有的寶貴教學經驗拋到腦後，這也是大多數學校在推進資訊科技融入教學時所遭遇的最大困境。

　　日本早稻田大學商業學院客座教授平井孝志在他的著作《本質思考》中指出：「光是用大腦思考，總是無法想得太深入，但如果能從模式來思考，大多數時候都可以恍然大悟。」將教學經驗模式化是解決資訊科技融入教學困境的解方，引導教師提煉他們自己的教學經驗成為模式，進而思考模式組合的合理性，以及模式中每一個環節應該使用何種科技與如何使用它們，這樣能幫助教師從教學本位出發，讓科技成為有力的支持系統，使教學展現更新的風貌。

　　什麼是教學模式？讓我們來看一個簡單例子——「預習與複習」模式，這是由臺北市雙園國小林欣玫教師所發想的

教學模式。在課堂一開始，教師先提問 5 個選擇題，其中包含 2 到 3 個複習題和 2 到 3 個預習題。學生作答後，教師逐題檢核答對率，若超過 75% 表示多數學生已熟悉該題所代表的知識概念，接下來教學時會簡單帶過；若低於 50% 表示多數學生還不熟悉，接下來會仔細教學該題所代表的知識概念。這個教學模式的可操作性高，且不限定於特定學科或年級，可被所有教師採用。「預習與複習」模式畫成圖形表示如下。

預習與複習教學模式

當教師面對全新的教學環境，感到無所適從的時候，學校若能發展一個共通或幾個可用的教學模式供教師們參考使用，可以幫助他們將關注重心放在教學上，而不會被科技的功能所迷惑。

　　第三是學校領導必須親力親為。推動資訊科技融入教學是一項高複雜度的工作，且耗費的資源較大，校領導若只將自己定位為經費爭取與分配的角色，帶著教師四處觀摩學習，有極大可能會造成只買了設備但無人使用的窘況。唯有捲起袖子，和教師一起打拚，才能帶領團隊聚焦，實事求是。

　　最後則是誠實面對自己的開放胸襟。學校必須放棄浮誇心態，只有少數幾位資訊科技融入教學典範教師不算成功，一生一平板的上課型態也不叫成功，能善用資訊科技取得更好的教學與學習成效才是真正畢其功。

資訊科技融入
教學的創意應用

第5講

聽周杰倫‧畫青花瓷

素胚勾勒出青花　筆鋒濃轉淡
瓶身描繪的牡丹　一如妳初妝
冉冉檀香透過窗　心事我了然
宣紙上走筆至此　擱一半
　　　～《青花瓷》歌詞 ～

「生活中的青花紋飾」美術課在周杰倫輕柔低訴的歌聲搭配賞心悅目 PPT 投影片，以及完全沉浸於主題氣氛的學習環境中展開。

融合視覺與聽覺的情境式學習設計

　　先來複習兩個教學理論，再回頭來看這一堂「生活中的青花紋飾」教學，這兩個理論是情境式學習（situated learning）和教學鷹架（instructional scaffolding）。

　　情境式學習是由美國加州大學柏克萊分校的尚‧萊夫（Jean Lave）教授和獨立研究者愛丁納‧溫格（Etienne Wenger）於上世紀九〇年代提出的一種學習方式，他們認為學習情境應該要讓學習者的身分和角色意識、完整的生活經驗、以及認知性任務，重新回歸到真實、融合的狀態，也就是學習者要學習的東西將實際應用在什麼情境中，那麼就應該讓他們在那樣的情境中學習。浙江杭州師範大學東城實驗學校雷聖鋒教師主教的這堂中學美術課「生活中的青花紋飾」，在視覺上以藍色水墨畫掛簾為背景，PPT 教材以藍色青花紋飾為樣版，輔以周杰倫〈青花瓷〉音樂貫穿課程進行的每個環節，從視覺和聽覺上為學生精心創設完全符合主題的學習情境。

　　在〈幾個好用的合作學習法〉（請見本書第 124 頁）一文中介紹了維高斯基的近側發展區 ZPD 理論，維高斯基認為要讓學生有效學習新的知識或技能，教師必須找出學生已經

會的，再定義他們將要學會的，然後在這兩者間所形成的近側發展區中搭建鷹架，使學生學習依托鷹架的支持，一步一步拾級而上，直到真正學會。開始時教師需要架設支架較密的鷹架，隨著學生的知識掌握度提高或技能熟練，就可以逐步拆解不需要的支架，最終他們不需倚賴鷹架就能完成工作或解決問題。

　　了解了上面兩個理論基礎，接下來看看「生活中的青花紋飾」單元的教學過程。

　　課堂開始，聖鋒教師以拍賣會上知名的青花瓷器圖片和自己創作的青花瓷器引起動機，使學生認識這項源自中國的藝術品在世界收藏界的價值。緊接著學生以小組平板掃描電子白板上的 QR code，開啟可四維操作的青花瓷圖片網頁，小組學生共同操作網頁，縮放與旋轉青花瓷圖片，仔細觀察與討論所看到的青花紋飾。教師也在白板上打開相同網頁，一邊操作畫面一邊與學生進行問答，使學生在觀察活動中更加了解青花紋飾。

　　要能畫出青花紋飾學生應該掌握哪些技法呢？教師以實際圖片解說來幫助學生建立畫面安排的「均衡法則」概念，

教學過程採用圖片對比、範例圖片優缺點問答，以及學生上臺實際修圖等多樣性手段，使學生不僅擁有概念認知，也能實地操作進行對比。

　　另一項實用技法是點線面的裝飾技巧，教師透過範例圖片的截圖放大來講解，讓學生對照比較應用這項技法的要訣，並要求學生在學習單上完成課堂小練習，體驗點線疏密的組織與添加。畫好之後，選取兩件作品以實物提示機拍攝，在白板上比較解說。

　　為了進一步增強學生創作基礎，教師再以軟體的聚光燈功能，說明如何截取圖片套用在器物的設計上，並以圖片翻轉功能，說明利用圖片重組所達到的效果。

教師利用實物提示機示範

　　在讓學生動手實作之前，教師示範可產生有效的引導作用。聖鋒教師將一個白色瓷盤放在實物提示機鏡頭下方，開啟拍攝模式，一邊以馬克筆在盤上作畫，一邊說明正在使用

的技法。

在創作環節，教師為每位學生準備不同的白色瓷器，包括杯、瓶、盤等，學生可以自選一個瓷器來繪製紋飾。在學生實際繪圖時，教師推送兩個素材頁面到小組平板上，提供學生創作時參考。在大約 10 分鐘的練習時間，學生一邊聽著周杰倫演唱的〈青花瓷〉，一邊完成自己的瓷器紋飾創作。於此同時，教師在行間巡視，觀察與指導學生的實地練習。

教師為這堂課教學做了一個精心安排，就是打造一個作品展示臺。當學生完成青花紋飾創作後，他們可以把作品放到展示臺的適當位置上，若是瓷盤則擺到架子上，若是瓶子則掛到牆上，若是杯子則放在平臺上。全班創作完成，一個賞心悅目的教室裝飾也跟著完成。

課堂最後，教師總結本課學習重點是美麗的、民族的、獨具特色的青花藝術，鼓勵同學將所學應用於日常生活中。

聖鋒教師這個單元的教學兼顧認知、技能與情意三個面向，但在小組合作實踐與知識鞏固方面則有一點改善空間。

首先是知識鞏固方面，教師可以在教學過程中，穿插二至三道 IRS 問題，有助於掌握全班學生的概念理解情形，透

過問題設計使學生清楚比較不同技法所產生的效果，進而強化認知深度。

其次是在與學生進行問答活動時，教師都是讓學生舉手回答，觀察課堂實況會發現這些互動都是一對一的形式，且集中在少數學生身上，問題也比較簡單。情境式學習重視過程中實踐共同體（communities of practice）的建立，讓成員有共同願景、學習願望、樂於分享學習經驗，以追求共同的目標。因此教師可以將一連串的多個問題改成小組任務，讓學生形成實踐共同體，一起研討、解答並上臺報告，這樣不僅能幫助學生將知識概念系統化，有助於日後的實際應用，並可深化情境式學習的效果。

美術創作對部分學生來說具有一定難度，聖鋒教師在資訊科技輔助下，融合情境式學習與教學鷹架理論，讓學生沉浸在教學主題的氛圍中，透過打造適當的學習鷹架，幫助學生從概念建立、師生對話、實例練習、觀看教師示範、提供參考素材，到自己動手完成一個作品，層層遞進，最終在作品展示臺的精心設計下，使全班合力完成一次偉大的藝術創作過程，為資訊科技融合美術教學做了完美詮釋。

第6講

智慧教室中的音樂課

在各地觀課的經驗中，藝術學科包括美術、音樂等，教師教學中融合資訊科技的應用可說是鳳毛麟角，也就使得音樂與美術教師交流學習的機會比起其他學科要少得多。〈聽周杰倫・畫青花瓷〉（請見本書第 62 頁）一文介紹雷聖鋒教師透過教學情境設計融合鷹架理論與合作學習法，使學生在很短時間內能夠認識、欣賞與創作青花瓷。這一堂課應能啟發美術學科教師對於資訊科技融入教學的認知、理解與想像。

那麼音樂學科呢？福州臺江區寧化小學周肖禹教師以故事為情境，資訊科技為工具，團隊合作學習為手段，解決學生在音樂學習上的旋律、節奏難點，最終能聽、會唱、愛表演，為資訊科技融入音樂教學給出了一堂值得參考的示範。

肖禹教師教學單元是羅馬尼亞兒歌〈老爺爺趕鵝〉，演唱這首歌曲的難點在鵝的叫聲是在小節開頭的八分休止符之後開始，因此肖禹教師選擇從這個難點入手。她以講述老爺

爺趕鵝的故事開場，讓學生角色扮演故事中的鵝，練習鵝的叫聲「嘎嘎小朋友，X 嘎嘎嘎」，配合柯爾文手勢的動作來學習歌曲中小節先休止再展開旋律的節奏難點。

　　第二部分是要認識歌曲中的上行、平行和下行旋律，學生要能聽旋律來辨識這段旋律的類型，也就是音符在五線譜上的正確位置。教師先彈奏一段〈老爺爺趕鵝〉樂曲中的旋律，學生以 IRS 反饋器選擇自己認為正確的旋律圖示，透過統計結果，教師發現到學生在旋律判斷上有了難點。為了解決學習難點，教師分別彈奏上行、平行與下行旋律，配合手勢，讓學生跟唱，幫助他們認識這三種不同旋律的唱法、音符走勢和聽起來的感覺。

　　認識三種旋律類型後，教師以任務單進行檢測。她先彈奏一段旋律，再發下要求學生在樂譜上填入正確音符的任務單。學生寫任務單時教師在行間巡視，觀察學生練習情形，並以手機拍攝四張不同答案的任務單，發送到電子白板上。一一展示每一張任務單後，請同學票選一張他們認為正確的任務單。投票完畢後，教師從最多人選的清單中挑一位同學上臺說明。

　　經過配合手勢的旋律跟唱和任務單練習之後，教師再回到第一個學生答案分歧的 IRS 問題，請學生再次作答。從兩次作答的統計圖顯示，超過八成的學生已能做出正確選擇（學生並不知道正確答案的選項是哪一個）。教師再透過翻牌功能，發現超過半數的學生在第二次作答時改變答案，她便從變更答案的學生清單中挑一位學生說明她變更答案的原因。

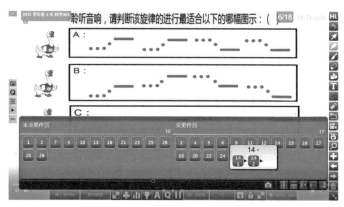

從兩次作答清單中挑選變更答案的同學說明變更理由

　　為了確定學生是否能正確判斷旋律中的每一個音符，教師將任務單中的一段旋律改變其中一個音（四度音變化），接著挑一位同學上臺，圈出她的彈奏中改變了哪一個音符位置，學生正確圈選出音符位置後，再要求全班以反饋器選出

這個改變音符的正確音高，統計結果顯示超過八成答對，她便請全班唱一遍這段旋律。

解決學生學習這首樂曲必須掌握的相關知識概念後，教師接著依序示範演唱、請同學說明歌詞內容、依照樂曲節奏朗讀歌詞、全班演唱歌曲，完成這首樂曲的學習。

最後一個環節是結合歌曲的表演活動，教師計時 3 分鐘，小組共同研討表演內容並進行分工與排演，然後一組一組上臺表演。所有組別表演完畢後全班以反饋器票選最佳表演獎，教師頒發獎品完成本課教學。

音樂課本身就是一門比較活潑的學科，有唱、有跳、有聽，但對於融合資訊科技卻常只局限於利用電腦編曲、模擬樂器的演奏等應用。肖禹教師則是善用科技演示生成性課堂的作法。她利用 IRS 即時反饋系統獲取學生思維，抓住學習難點所在。而為了解決這個難點，她利用個人完成的任務單拍照上傳對比，經過 IRS 票選與挑人解說，針對性地處理學習難點，再以兩次作答功能了解學生原先的困難是否已經得到妥善解決。當難點被解決之後，學生就能順暢地學會整首歌曲。最後讓學生根據歌詞內容共同創作與演出，使他們不

僅能唱歌曲，也理解歌詞，並以小組表演方式將他們對於這堂課教學內容的認知做出完整呈現，透過票選最佳表演獎達成欣賞教學的目標。

這堂智慧教室支持下的音樂課，不僅完整保留傳統音樂教學的元素，教師更透過資訊科技發掘與處理學習難點，在教學中對每一個 IRS 問題產生不同答對率時，設計了不同策略來處理這些學習的困難之處。正是這些靈巧的手法，充分展現任教教師高超的教學技巧，也為藝術與科技融合教學做了大膽創新的嘗試。

教什麼？怎麼教？何時教？

教學工作可比廚師，寫好一份食譜，準備所有配料，上場按部就班，動動巧手，一盤好菜準時上桌。只不過，廚師面對的食材，不會說話、不能跑跳、沒有思想；教師面對的則是活生生的個體，會回嘴、能移動、有想法。說教學是所有工作類型中難度最高的，一點也不為過，因為這份工作的對象是人，而且是一群人。

對一位教師來說，上課是把書本上的知識傳授出去就了事的時代已經過去，教學不只要把書本教完，更重要的是把學生教會，所以教什麼、怎麼教、何時教，能夠讓教學的效率提高、效果提升，更顯重要。

我們來借鏡福建上杭一中邱克榮教師的數學課片段，看他在「教」什麼、怎麼「教」，還有什麼時候「教」。

克榮教師這一堂高三數學複習課是從解題開始，他要求學生課前預習，並在一上課先讓學生解 4 道預習檢測題。4

題當中，前 3 題是選擇題，第 4 題則是填空題。學生完成計算後，教師利用 IRS 快速蒐集每一位同學的答案。由於第 4 題沒有選項，教師便用挑人方式，每次挑選一位同學起來說出自己的計算結果，前後挑了 3 位，教師便將每一個答案標上①到③的選項號碼，並跟同學說若他們的計算結果與這三位不同，就選擇④。在每一題學生作答後，教師並不直接給出該題的正確答案，而是將作答統計圖貼下來，最後畫面上會留下題目和統計圖。

接下來教師進行該堂課內容的研討與探究活動。

經過將近 30 分鐘互動與研討後，克榮教師再回到預習檢測題畫面，他請同學們再計算一次，並且一題一題地讓他們按下新的答案，同樣地，教師一一把統計圖貼下來，並與第一次作答統計圖對照。在進行第 4 題時，教師詢問是否有同學要給一個新的、和前面 3 個選項不一樣的計算結果，有同學給了一個新的答案，教師便將它標為選項④，然後請同學回答。4 道題目的兩次作答畫面如下：

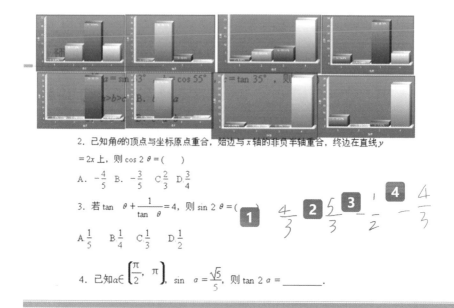

相同題目兩次作答對比學生思考的改變

　　對照每一題的統計圖會發現，第一次作答時同學們的選擇較為分歧，但在第二次作答時，大家的選擇集中了，都選到正確答案上去了，每一題幾乎都只有一兩位同學做了不同的選擇。而在第4題，原先較多的同學認為選項③是正確的，但再次作答時，多數人都改選了選項④，也就是正確的答案。

　　從這一段教學中，相信大家可以得到相當大的啟發，因為教師不直接把書本上的內容教給學生，而是拋問題讓學生

解；他不用講述，而是引導學生解題和相互研討；他在發現有大量學生計算錯誤時，不急著更正他們，而是讓學生自己發現，自行修正。

更重要的是，邱克榮教師在轉變題型的技巧上也別具巧思。傳統選擇題的題幹和選項都是由出題者設計，有時難免會有一兩個設計不理想的選項，達不到誘答效果，使得選擇題的教學效果大為減低。但邱克榮教師將填空題這種不好聚焦討論的題型轉變為選擇題，而且選項是由學生來提供，這使得每一個選項都有代表性，代表一種錯誤運算所產生的結果，也就是一種錯誤類型或迷思概念。在學生第一次作答時，選項③是錯誤答案但卻有多數學生選了它，當再次作答時，這些學生絕大多數改選了正確的答案。在學生由錯到對的轉變（學習）過程中，教師其實沒有針對這些題目教些什麼，但學生們卻都能在課堂研討與探究之後自行修正原先的錯誤。

對教師來說，一直想著「教什麼」，不如把教學內容設計成提問或任務，讓學生完成；一直想著「怎麼教」，不如安排課堂研討與問題解決活動讓學生探究；一直想著「何時

教」，不如留下空間和時間，讓學生自己找到合適和舒服的方式學會。

　　這一堂課最大的創新是邱克榮教師擴大了選擇題型的運用方式，相信不只在數學科或高中階段，其他學段和學科也都能善用這一套方法。

以課堂互動觸發
並深化學生思考

第8講

關注課堂互動・提高教學質量

　　現代學校源自於十八世紀中葉工業革命之後的社會發展需求，教育界對於教學與學習採「容器觀」，也就是認為知識是由外部灌輸，學習是正確知識的累積，教學者的任務是讓學生在最短時間內得到最多正確知識。在這樣教育思潮的引導下，十九世紀初發明的黑板因為能夠提高教學效果，因而成為每一間教室的標準配備，教師以講述的方式，搭配黑板粉筆進行有效率的教學。而在教育哲學上，伊凡・巴夫洛夫（Ivan Petrovich Pavlov）以狗實驗，讓狗聽到鈴聲刺激就會流口水的古典制約實驗，博浩斯・史金納（Burrhus Frederic Skinner）以老鼠實驗，讓老鼠在史金納箱中按操作桿就能得到食物的操作制約實驗，以及愛德華・桑代克（Edward Lee Thorndike）以貓實驗，讓貓在迷箱中踩到踏板逃出箱外取得食物的嘗試錯誤實驗，這些實驗所建構出來的行為主義學派，主導相當長一段時間的教育理論發展。

　　到了二十世紀下半葉，資訊科技的發明使人類進入資訊化社會，經濟與社會發展對於能力的需求與後工業革命時代完全不同。教育界摒棄了以動物實驗建構起來的行為學派理論，對於教學與學習改採「互動觀」，認為學習者透過與外界互動的歷程來建構知識，學習是以既有知識去詮釋外在訊息以建構新知識，因此教學者的任務是讓學生主動學習、善用策略及發現迷思概念，這個時期教育思潮的代表人物是尚‧皮亞傑（Jean Piaget）和維高斯基。皮亞傑重視實際動手操作與心智操作，持學習者是透過與「物」互動來學習的觀點；而維高斯基重視在社會實際情境中與他人互動，認為學習者是透過與「人」互動來學習的觀點。互動觀的教育哲學由「做中學」大師杜威總其成，他認為教學應該是「學習者與教師或其他同學在有目的的活動中，或是在共同興趣的探索下進行互動。」

　　教學中的互動越多，學生的學習刺激越多，學習效果也就越好。思考課堂互動應該關注兩個層面，一個是互動的「量」，一個則是互動的「質」。傳統上師生課堂互動大多為一對一形式，也就是教師提出一個問題，一次有一個學生

回答，這種課堂的互動量受到極大限制，而且這樣的課堂互動形式其實無法反應學習的真實面貌。要提高課堂教學互動的「量」，教師必須讓每一個學生都有參與互動的機會，而要提高課堂互動的「質」，教師必須讓學生在有目的的活動中進行互動，課堂互動氣氛應該要是熱烈且融洽的，並且互動過程中的學生反應必須獲得進一步回饋，更重要的是教師要能依據學生整體反應，即時調整教學。要提高教學互動質量，就必須從**師生互動**和**生生互動**兩方面著手。

在生生互動方面，主要以小組合作學習來進行，類似像〈幾個好用的合作學習法〉（請見本書第 124 頁）一文中介紹的三種小組合作學習法，都是透過教學活動的機制設計，讓每一個學生都能與其他學生進行口語互動，並在互動過程中學習，實踐基於「人」的互動教學觀。

而在師生互動方面，主要是以問答的方式實施，包含教師提問、學生發問，以及師生間的對話，這三者對於互動效果和學習成效至關重要。有關師生互動，《禮記·學記》篇早就給了指導方向，它說：「善問者，如攻堅木，先其易者，後其節目，及其久也，相說以解。」又說：「善待問者，如

撞鐘，叩之以小則小鳴，叩之以大則大鳴，待其從容，然後
盡其聲。」然而，現代課堂一名教師要同時教導數十名學生，
若完全依循《學記》的方法，一堂課問不了幾個問題，能夠
參與互動的學生也沒幾個人，教師顯然需要一些協助才行。

　　對於增進課堂互動最有效且最簡便的工具當屬學生反饋
系統（Student Response System, SRS），也有稱為課堂反饋
系統（Classroom Response System, CRS）、聽眾反饋系統
（Audience Response System, ARS）、即時反饋系統 IRS，
或簡稱為反饋器。最早聽眾反饋系統的發明可以追溯到上世
紀六〇年代末期，IBM 公司為了提高會議的生產力，推出一
套稱為 Consensor 的系統，當時是採有線設計，每一個與會
者有一個連接通訊線路的盒子，盒子上有回答問題用的撥號
盤和紅黃綠三個指示燈，會議主持人以口頭提問，所有參加
會議的人轉動撥號盤數字回答，當多數人回答的數字相同，
綠色指示燈會亮起，否則亮出黃燈或紅燈。

　　聽眾反饋系統後來逐漸為大專院校所接受而開始在教育
上應用，隨後慢慢擴及到中小學，系統配置也從有線進化
到無線，所採用技術則由紅外線 IrDA 技術演進到無線射頻

RF，學生終端則變得與普通遙控器相近。最新的技術發展則是以軟體 APP 形式，讓智慧型手機變身為反饋器，以 Wi-Fi 進行通訊。

在教學應用方面，初期反饋器大多用於形成性評量，也就是教師教學一個段落後，出幾個問題讓學生利用反饋器來回答，教師可以從統計數據立即得知學生對於這個段落教學的理解情形，幫助他們決定是要重新教過，還是可以繼續教下去。另一種使用目的則是為了提高人數超過百人的大班級教學中的學生課堂參與度，當教師提出問題後，每一個學生都必須按鍵回答，如果學生缺席或上課不專心，立刻就會在號碼清單中顯現出來。

近十幾年來反饋器結合教學原理，使課堂應用越來越朝向提高課堂效率與促進認知思考的方向發展，例如哈佛大學艾瑞克・瑪祖爾（Eric Mazur）教授所提出的「同儕教學法」被證明能有效提高教學效率和學習效果；臺北市立大學附小王珆教師的「思考金三角」教學法則是以反饋器為工具，經由數據所反應的學生思考，讓教師根據數據決策，進而擴展、轉化與再應用這些被看見的思考，開展基於認知的教學活動。

　　一個看似簡單的反饋器，背後涵蓋的教學思路卻很廣泛。教師根據反饋數據所採行的教學決策，反映出個人的教育理念與教學哲學，自然也就深深影響學生的學習成效。曾有一位教師非常喜歡反饋系統，他常常在一節課 40 分鐘的時間出 20 道題，每一題讓學生思考 2 分鐘作答，等於一整節課時間學生都在使用反饋器，這樣的應用模式雖然有很高的課堂互動「量」，但「質」卻十分低下。曾有學者的研究發現，教師在課堂上使用反饋系統時間在不超過 15% 到 20% 可以得到比較好的效果。瑪祖爾的研究則指出，在同儕教學法中，教師的提問使學生答對率介於 30% 到 70% 之間，學習的成效較好。

　　有人說反饋器是 the art of teaching，不僅說明反饋器作為一項技術（art），能將按鍵信號轉換成數字，經由數據彙整、圖表轉換與精妙的軟體設計，達到提高課堂互動量的效果，更使教師能夠根據精準的數據，即時進行教學決策，採行妥適的教學策略，提高課堂互動的質，使教學具備多樣化面貌與豐富生命力而成為一門藝術（art）。從事教學工作的人豈能不深入探索、好好運用呢？

課堂上的對話、互動與思考

　　農業社會中，人們工作地點就在住家旁邊的田裡，家裡小孩如果想要念書，白天就交給鄰里間較有學識的讀書人來管教，若孩子人數較多，就找一個房子，擺上幾張桌子，開始上起課來，這樣的地方早期被稱為「私塾」，晚近則稱為「學堂」。收藏于臺北故宮，繪于清乾隆元年（1736 年）的清院本清明上河圖中就生動地畫出明清時代的學堂樣貌。

　　1776 年詹姆斯‧瓦特（James von Breda Watt）發明蒸汽機啟動工業革命，大人進入工廠工作，社會發展因而改觀，開始塑造了今日的學校面貌。工業時代的學校不僅僅是為了服務工業發展需要，也完全複製了工業化的生產方式。教師以十九世紀初發明出來的黑板為主要工具，在課堂上以有效的講述方式，要求學生強記教學內容，學校則透過評量作為品質控管手段。整個學校就是採用生產線模式，畫分年級和學科，每一個學科再細分到知識概念，教師主要採用講述式

教學法來傳授這些知識概念，而在結果上，學校專注在通過品管的「產品」，學生在一個年級中達到考試要求的水準便能升上一個年級。這一套模式在工業時代尚還管用，但進入資訊化時代，則處處顯現與社會發展脫節。

　　以講述式教學來說，對大多數教師而言，它是一種相對簡單且「感覺上」較有效率的教學方法。但早在 1981 年，英國哈德斯菲爾德大學（University of Huddersfield）葛拉罕 • 吉布斯（Graham Gibbs）教授就寫過一篇〈支持講述式教學的二十個糟糕理由〉（Twenty terrible reasons for lecturing [3]）的知名文章，探討了二十個在教師口中經常聽見的支持講述式教學的說法。這些理由包括了像「它是唯一能夠確保所有教學內容都被涵蓋的教學法」、「學生無法，或不願意、獨立作業」、「對於講述式的批評僅適用於不好的講述法」、「講述式的替代教學法可能會增加工作量」等，吉布斯針對這二十個糟糕理由一一給予駁斥並進一步闡釋。

　　但由於講述式教學仍受到大量的支持，且執行上較為簡易，因此課堂教學變革若能以講述為主，搭配一些策略來提

3　https://www.brookes.ac.uk/services/ocsld/resources/20reasons.html

高它的效果，應該比較容易為大多數教師接受，也易於推動，可搭配的策略包括師生問答與對話、鼓勵學生思考，以及強化課堂互動等。

　　有一堂英語課的例子是這樣的，教師在教學中一邊播放多媒體，一邊提問讓小朋友舉手回答，經過大約十題的互動後，教師秀出一個檢測題讓全班作答，收到所有回答後，教師秀出統計圖發現竟然只有大約 40% 的同學答對，和先前在互動時看到答題者都能正確回答，直覺應該大家都會了的「感覺」完全相反，教師一下子愣住了，只說了「大家答題時要小心一點」，便繼續教後面的內容。

　　在這個例子中，教師顯然被互動過程小朋友都能正確答題的「假象」所誤導，互動雖然提高了課堂參與度，讓學生專注在學習活動中，但它並不能保證可提高教學成效，必須輔以對話和思考，也就是提出什麼樣的問題可以促進學生思考，以及與學生進行有效的對話。

　　管理學大師彼得 • 聖吉（Peter Senge）在《第五項修煉》（The Fifth Discipline）一書中指出：「團隊學習的修練必須精於運用『對話』（dialogue）與『討論』，這是兩種不同的

團隊交談方式。對話是自由和有創造性的探究複雜而重要的議題，先暫停個人的主觀思維，彼此用心聆聽。討論則是提出不同的看法，並加以辯護。」

根據彼得・聖吉的觀點來看一堂高中數學課的例子，大家可以想想教師用的方法是「對話」還是「討論」。福州屏東中學鄭天宇教師在教學概率時提出下面這個問題，請學生對下面這個題目涉及的是①長度測度、②面積測度，或是③體積測度做出選擇。

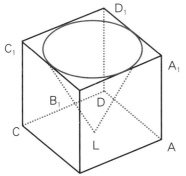

如圖所示：正方體容器內倒置一個圓錐形容器，隨機向正方體容器內投擲一顆豆子（假設豆子都能落在正方形 A1B1C1D1 區域內且豆子面積、體積不計），則豆子落入圓錐形容器的概率是多少？

高中概率問題

學生作答後教師顯示統計圖得到 17 人選②面積測度，3人選③體積測度。此時教師翻開每一位同學選擇數字的統計圖，並從選②和③的同學中分別請一位來向大家說明他的選

擇原因。

　　學生們說明完後，教師保留原來的作答記錄，然後請大家再答一次。答題後再顯示統計圖發現，仍然是 17 人選②，3 人選③。此時天宇教師再翻牌發現，各有一位同學在聽完前面同學的說明後改變了答案，也就是一人從選②改選③，另一人則反過來。教師於是請這兩位同學再說說改變想法的原因。

　　大家分別聽完這兩位同學的說法之後，教師同樣地保留前兩次的作答記錄，並請同學第三次作答。作答完後顯示統計圖，結果是所有同學都選了正確的答案②，再沒有人選③。

　　觀察鄭天宇教師這段教學會發現，他在學生答錯時並不是直接糾正他們，給出正確答案，而是讓學生將自己作答背後的想法說出來讓其他同學聽一聽。在說明時，同學必須設法將想法清楚地表達出來，這個過程做的是對自己內在知識概念的再確認。在聽說明時，每一個人會對照自己和對方想法的異同之處，看看原來想的對不對，如果對方的說明比較有道理，那麼自己所想的和他的差異在哪裡，這種對照修正是自我進行，而不是由權威者（教師）強加的。

　　而教師在做什麼呢？教師自己並不做直接教學，甚至發現學生有錯也不立即糾正，而是鼓勵與引導同學根據自己的答案說明想法，並且在每一次作答時找出改變想法的學生，請他們清楚說明原因。這段教學的美妙之處在於，教師其實什麼也沒「教」，但學生卻全都「學」會了！教師在課堂上的角色轉變了，不再是那個諄諄教誨的學究，而是一個讓學生青出於藍的教練。

　　前面的問題你有答案了嗎？鄭天宇教師這段教學用的是「對話」還是「討論」？天宇教師透過提問讓學生先思考，接著利用互動工具取得全體學生的思考結果，根據這個結果引導學生進行對話，對話過程中學生必須進行思考，然後再互動、對話、思考，直到最後一致的結果產生。

同儕教學法

今天全球大多數課堂中，教師以講述式進行教學依然占最大比例，但他們也逐漸發現，單調的講述式教學已經無法適應科技快速進化變遷的社會，更難以滿足學生多樣化的學習需求。

隨著學生中心理論影響力逐漸擴大，越來越多生本理念的教學法被發展出來，這些不同的教學法都讓教師角色起了本質上的變化。但當教師嘗試新的教學法時，受到各種客觀因素，包括教材設計、學習評鑑標準、教學工具等限制，或是個人已經定型的教學習慣所影響，使得改變顯得十分困難，往往淺嚐即止，最終還是回到講述教學的懷抱。

美國哈佛大學物理系的瑪祖爾教授在教學大學普通物理課程時，由於修課人數經常高達一兩百人，過多的學生使他難以掌握學習概況，也就很難依據學情隨時調整教學的內容深淺和進度快慢。因此在上世紀九〇年代初期他發展出同儕

教學法（Peer Instruction, PI），改善自己的教學方式。PI 核心理念是讓學生教學生，也就是學生在對教師所提出的問題深入思考後，必須向其他同學清楚說明自己的想法，同時也要聽取對方的說法。這一個將自身所理解內容說給別人聽的行為，本質上是一種「教學」，不論其想法是否正確，在吸收觀念後將其表達出來的過程，便促成了學生對知識學習的更深層思考，再透過與他人交談的過程，固化自己原來已經正確的想法，或是修正思考錯誤的概念，使知識學習達到更加深化的效果。

　　瑪祖爾在實踐他所提出的教學模式時，將一個完整課堂分成兩個部分，分別是課前的適時教學法（Just-in-Time Teaching, JiTT）和課中的 PI 教學法。本文僅針對同儕教學法進行介紹。

　　實施 PI 時教師並不直接開始教學，而是先拋出概念題（稱為 ConcepTest）讓全體學生作答，這個問題必須要能觸發學生思考，因此不能是單純記憶性的題目。學生完成作答後，教師根據全體答對率來實施不同的教學策略。若答對率超過 70%，表示多數學生均能正確理解該問題所代表的知識概念，

教師只要進行簡單講解後便能進入下一個知識概念的問題；反之，若答對率低於 30%，表示多數學生無法掌握該問題所代表的知識點，因此教師應在課堂上仔細講解。

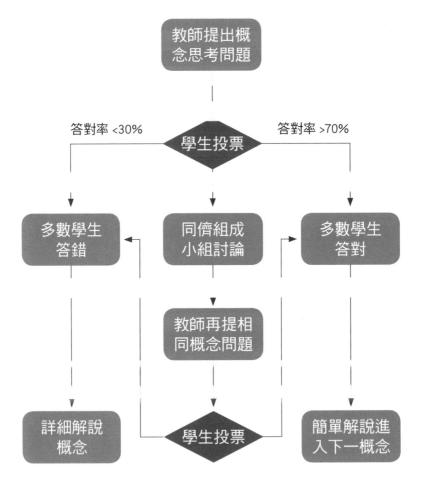

同儕教學法的決策樹

當答對率介於 30% 到 70% 之間時，顯現出學生之間對於該知識概念理解的分歧情形，也就是答案分布較為發散，此時教師應將學生就近分成不同小組，每組約三至四人，每一個人應將自己的答案，以及選擇該答案的想法向其他組員說明。這個說明自己答案的過程，實際上是在對其他組員進行「教學」，也就是同儕教學。在同儕教學的時間過後，教師可以要求學生對同一問題再次作答，或另外提出一個相同知識概念且難度相近的題目來讓學生回答，然後依據相同判定標準來決定所採用的教學策略。

瑪祖爾教授於 1991 年開始在自己的物理課實施 PI，經過連續 10 年的學習成果追蹤後，他和同事在 2001 年發表論文「同儕教學：十年實施經驗與成果」（Peer Instruction: Ten years of experience and results [4]），從他們的研究成果顯示 PI 可有效提高學生的學習成就。瑪祖爾在另一篇名為〈適時教學與同儕教學〉（Just-in-Time Teaching and Peer Instruction [5]）的論文中指出，PI 成功關鍵在於同儕討論前的 ConcepTest

---

4　http://web.mit.edu/jbelcher/www/TEALref/Crouch_Mazur.pdf
5　http://www.stat.columbia.edu/~gelman/communication/WatkinsMazur2009.pdf

　　問題是否能達到學生答對率介於 30% 到 70% 之間，因為數據顯示這個比例的答對率使學習成就提升最為顯著。

　　實施 PI 教學的過程中學生要投票來表示自己對於 ConcepTest 問題的想法，早期沒有科技設備的教室，教師會讓學生將手中標示 ABCD 的紙牌舉起，表示自己所選擇的答案，教師或助教再一一統計每一個選項的人數，然後默默換算出答對比例（不讓學生知道正確答案是哪一個），以便後續的同儕教學活動。雖然以舉牌統計的方式並不影響 PI 活動的進行，但是課堂效率難免受到影響，因此在 IRS 出現後，學生手持反饋器作答，教師藉由軟體的即時統計功能，可立即得出答對率的數值，使課堂效率得以大幅提高。使用科技來輔助 PI 的施行還有一個很大的好處是，每一位學生對每一個問題的回答都被保存下來，教師可以在課後調出這些記錄，了解個別學生的學習情形和想法改變的過程，需要時還能進行個別輔導，或加以適當的補救教學措施。

　　在學生對 ConcepTest 問題投票之後，教師不能讓學生知道正確答案是哪一個，最好連每一個選項有多少人選的數據都不揭露，這樣可讓學生保有自己的想法而不受他人選擇的

影響，因為有些學生在看到某個選項選擇的人數較多，可能
會認為自己的答案是錯誤的，因而改變想法，減低了同儕教
學的效果。

融合反饋系統的發現式學習法

　　IRS 作為一項越來越普及的課堂教學工具，得益於它的操作簡便和系統管理與維護容易，以及它所提供的即時數據統計功能。教師普遍將 IRS 應用於教學過程中的形成性評量，透過數據立即得知學生的學習情形，並根據這些資訊來調整教學。

　　但這只是 IRS 的基礎用法！結合發現式學習法（discovery learning）可以發揮 IRS 更高的價值。

　　傑羅姆・布魯納（Jerome Bruner）於上世紀六〇年代提倡發現式學習（learning by discovery），鼓勵學生透過思考、比較、對照等各種策略來發現教材中所含的概念。布魯納強調教師的重要任務是配合學生身心發展，指導學生思維的方法，使他們在學習中發現原理原則，進而統整組織成為自己的知識經驗。

　　布魯納的發現學習理論有四個強調：強調**學習過程**、強

調**直覺思維**、強調**內在動機**、強調**訊息提取**。他說：「認識是一個過程，而不是一種產品。」他認為教師要為學生創造獨立探究的情境，而不是提供現成的知識。此外，在布魯納眼中，學生學習效果取決於教師何時、以何種步調給予學生矯正性反饋（corrective feedback），而要使矯正性反饋有效，必須用一種能幫助學生解決問題的方式表現。布魯納認為的回饋是學生發現問題答案時，從錯誤調整到正確的認知過程，學生一旦發現錯誤而自行更正之後，所產生的回饋作用遠比外在獎勵更有價值，也就是「發現自己的錯誤」與「發現正確答案」，對有效學習來說同等重要！

　　關於矯正性回饋，教師可以透過製造認知衝突（cognitive conflict）來創造。根據皮亞傑理論，認知發展受到同化（assimilation）、調適（accommodation）與平衡（equilibrium）等三種歷程的影響。也就是學習者在遇到新的知識概念時，首先會將它與舊經驗進行同化，若與舊經驗相符則認知會達到平衡。若學習者在其自行發展出的概念與新概念或現實情境不符合時，會產生認知衝突，或稱為認知失衡（cognitive disequilibrium）。這種衝突會引發學習動機，促使學習者進

行概念修正，也就是調適的過程，使新舊概念統整在新的認
知結構中。

皮亞傑認知歷程理論

　　學習者在經歷認知衝突之後的學習，可以使他們能夠真
正理解，習得的知識概念比較能夠長期保持，不易遺忘，而
且有助於未來在類似情境中產生正向的學習遷移，培養化繁
為簡、獨立學習的能力。

　　由於認知衝突是完全個體行為，對教師而言，在一個班
級內有數十名學生的情境中，要能掌握每一個學生的認知衝
突是巨大的挑戰。一個簡單作法是透過教學設計，讓每一個
學生的想法暴露出來，當學生看到其他人想法和自己的有不
同之處，鼓勵每一個人表達自己所理解的內容。在這一段個
人表達過程中，每一個人在接受到他人表達的想法時，會和
自己的想法進行比對，這一段衝突與調適過程便是最可貴的
學習經驗，若最終學生能夠產生正確認知，那麼這個學習成

果便能真正定著成為新的知識概念。

　　以臺北市新生國小徐蕙君教師的自然科〈虹吸現象〉教學為例，教師給定一條水管、一個水缸，水管在水缸內的一頭是入水口，另一頭是出水口，她讓學生自己出題決定水缸中的水位會讓水開始從管內流出的開始位置和不再流出的結束位置。例如下圖是其中一位學生出的題目，他畫了兩條藍色線，上面那條線表示水開始從出水口流出的水位，下面那條線表示水位降到這個位置時水就不再由出水口流出。教師以這個題目先讓學生獨立思考之後以 IRS 作答，統計結果顯示為藍色長條圖，全班有 9 位同學選①開始對，停止對；20位選②開始對，停止錯；1 位選④開始錯，停止錯。

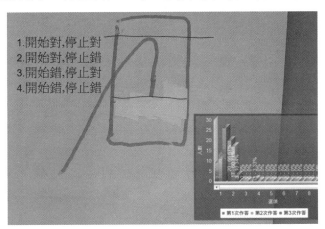

每一次討論都改變答對答錯比例

　　由於學生的想法分歧，教師便要求學生在小組內分享自己作答的理由，分享時每一個人要根據圖示向組內同學說明自己的想法。在這一段討論過程中，每一名學生都有自己原有的答案（舊經驗），當他們在聽別人解說時會和自己的想法對照（同化）。由於全班的答案分歧，因此很容易讓每一個人發現別人和自己想法上的不同（產生認知失衡），這一段認知衝突過程使學生進行概念調適。當每個人都說出自己的想法之後，教師再要求他們以 IRS 作答一次。第二次的統計結果以黃色長條表示，有 11 人選擇①，17 人選擇②，沒有人選④了。透過兩次統計數據的對比（選①的人數增加，選②和④的人數減少），可以清楚看到有些學生的想法在討論過程中改變了。

　　經過一次討論，學生的想法仍然分歧，教師在展示統計圖之後，請他們再一次討論（再進行一次認知同化、失衡與調適過程）。第二次討論學生必須根據自己第二次的回答選項來對同學進行說明。接著以 IRS 進行三次作答後，得到第三條紅色的長條圖，有 26 位選①，只有 3 位選②，選①的人數更多了，也就是多數學生都能正確回答這個問題了。

　　蕙君教師透過學生自己命題，再從中挑選題目來讓全班作答，並藉由全班的答案不同讓學生組內對話，這個過程會製造學生個人的認知同化與衝突，學生必須調適自己的原有認知，最終學會這個題目背後的概念。教師的教學工作不再是講述概念，而是轉變成找到合適的問題、引導學生對話、控制對話次數，讓學生在認知衝突與同化過程中不斷調適，形塑他們的學習。

　　本書第 9 講〈課堂上的對話、互動與思考〉一文中介紹的高中數學課，也是採用一樣的方法，同樣也是學生經過三次作答，最終所有人都能選出正確答案。可見得這樣一種透過製造認知衝突讓學生自己發現知識概念的學習方法，可以適用於各個學段的教學。兩位教師的差別在於對話方法的操作，徐蕙君教師是以小組方式，鄭天宇教師則是指定學生來說明。只要能達到教學目標，教師可視實際情形決定採用何種方式。

　　對學習來說，比起教師精闢講述所傳授的知識，以發現學習法習得的概念，應該才是學生真正學會的知識，它的保持效果也會比較好。

課堂教學常見的誤區

　　推動資訊科技在教學上應用是不分國家、地區、種族、文化的政府級別教育政策，差別只在於其規模與推進速度。對一線教師而言，有積極應對的先鋒部隊，也有能拖就拖的落後隊伍，更有冷眼旁觀的事不關己族。根據多年帶領學校發展資訊科技融入教學的經驗，大多數教師剛開始在課堂上使用資訊科技時，總免不了犯下一些似是而非的錯誤，使得教學應用成效不盡理想。但其實只要稍加留意分辨，這些失誤是可以被避免的。

　　歸納多年課堂觀課的經驗，大致可以總結出以下幾點教學上常見的誤區：

多媒體動態特效的 PPT 很生動

　　教室內安裝電腦之後，幾乎每一位教師都會在課堂上使

用 PPT 教學，教師們經常耗費大量時間在製作每一張投影片的內容，並為他們添加動畫和音效；有些教師則是把所有教材放進 PPT 中，所以在每一頁窄小的投影片空間中打進幾百個字，當作自己上課的提示，課後則直接當成講義，而且這類 PPT 通常內含好幾十張投影片。

在講述為主的課堂教學上，PPT 的作用是作為教師講課時的重點摘要，若是文字太多，則學生聽講時必須分神在閱讀投影片的內容；而若動畫太多，學生會被動畫效果所吸引，反而不會專注在投影片的內容上。這兩種 PPT 教材的設計都會降低聽課效果，而且教師課前還必須花費大量備課時間來製作 PPT，相對剝奪了精細準備教學內容與策略的時間。

觀察教師在課堂上使用 PPT 的情形會發現，多數教師都是順著投影片的安排，一條一條，一頁一頁地講下去，形成所謂的「電灌」教學。如果 PPT 內容不是教師自己製作，而是直接採用出版社所準備的課件，或是從網路下載來使用，都無法真正切合自己班上學生的能力需求，不僅降低教學效果，也使教師存在的意義大幅下降。

如果可以，盡量不要使用 PPT 來教學，若一定要用，就

應讓 PPT 內容能夠精準傳達教學訊息，以提綱挈領的形式來製作，減少動畫，把講義與課堂教學 PPT 內容分開，以減低不必要的學習干擾，讓學生專注在教材內容上。

和學生一問一答很互動

很多教師喜歡在課堂上不斷對學生提問，並讓學生舉手回答，他們覺得這樣的課堂很互動，而且學生的參與度高。在〈課堂上的互動、對話與思考〉（請見本書第 82 頁）一文中舉過的英語課例子，教師在課堂上經過連續十次左右的提問、請小朋友舉手回答，感覺上課堂氣氛非常活潑，而且也有師生互動，此時教師的心裡必定覺得學生應該都十分了解這一段教學的知識概念。但當立即進行檢測時突然發現，全班能答對的僅有40%，實際情況與教師感受有相當大的差距，以至於後續的教學就亂了方寸。

另有一次在高中語文課上，教師帶領學生沉浸在優美洗鍊的文字之中，教學過程同樣穿插提問並請問哪位同學能夠回答，再從舉手的同學中隨機選取一位起立答題，想當然耳這些同學基本上都能答出大致還不錯的答案。但在幾個問題

循環後對全班提問時，學生能夠正確答對問題的只有 40% 不到。

　　類似這種提問後讓學生舉手或使用反饋器搶答，然後起立回答問題，是許多教師在課堂上很喜歡用的策略。這種策略最大的弔詭之處是它讓教師誤以為全班學生都學會了，但其實多數學生是不會的！主要因為會舉手回答的都是那些會的，或能答出正確答案的學生，副作用則是學習較為落後的學生漸漸地不願參與課堂活動。

　　並不是說教師都不能採行這種教學策略，而是必須控制它的使用頻率，以及思考什麼樣的問題適合使用這種方法。

急著想知道為什麼大家都答對了，你卻答錯？

　　當教師提問，學生以反饋器作答時，若是絕大多數學生都答對，但只有少數兩三位同學答錯時，教師經常會翻開每一位學生的作答記錄，並請答錯的同學起來說明理由。這是一種課堂上普遍常見的現象。教師會這樣做的原因完全出自於善意，也就是急著想知道「為什麼這麼簡單的題目，大家都會了，而你卻答錯了？趕快告訴大家你是怎麼想的？」只

是這麼做的時候，得到的學生回答通常是：「老師對不起，我按錯了！」，或是「對不起，剛剛我想錯了！」

當學生這樣回答的時候，教師原先期望達到的目標全部落空了，反而讓學生有被羞辱的感覺，因為他答錯問題已經很不好意思了，但教師還讓所有人知道「這個人答錯了」，而且他是極少數答錯的人，就像被人「斬首示眾」一樣。

那麼是不是反饋器作答後一定不能翻牌呢？那倒不是，對於沒有標準答案，適合進行思想碰撞的問題，或是有標準答案但學生回答的選項分布較為分歧等情形，都可以翻開每個學生的作答記錄。即使是有標準答案且對錯比例懸殊，答錯的人占少數，妥善操作後續的課堂對話，也都能收到不錯的效果，譬如像〈課堂上的對話、互動與思考〉（請見本書第 88 頁）一文中數學科鄭天宇教師的作法就滿值得參考。

為了分組而分組的小組活動

將學生分成小組來進行學習活動，不僅有助於學生學習社會溝通與協作技巧，更能有效幫助教師分攤教學重擔。透過任務指派給小組、經由分工來完成指定工作，或是兩兩朗

讀與聆聽、檢核彼此練習成果等，都能達到擴大課堂參與的目的。

不過有些教師在進行小組活動的時候，只單純地分派了任務給小組，但缺乏組內人員的工作分配，以至於有少部分學生被排除在小組活動之外；或是讓小組成員一起討論並歸納結論，結果總是由小組長、組內學習成績較佳或表達能力較強的學生，主導或霸占討論的內容與過程，完全達不到小組活動設計的目的，甚至造成學生彼此間的排擠現象。

小組活動須避免部分學生被孤立

　　小組活動的設計必須非常細膩，無論是採用 TBL 團隊合作學習、合作學習（cooperative learning）或協作學習（collaborative learning）的方法，都要仔細考量細節，包括一份需要學生完成的完整任務分割與組合、組內成員所擔負的工作項目、交流研討與討論的指導、小組上臺報告代表的產生等，都要列入設計細節當中，並要給予足夠充分的討論與實作時間，讓每一個人都能發揮作用，才能讓小組活動的效果真正顯現。

讓學生說出教師想說的話

　　有很多教師喜歡扮演如來佛的角色，不管學生這些孫悟空怎麼變，都變不出如來佛的手掌心。所以課堂上常會看到，雖然教師賣力地引導學生能有自己的思考，能夠歸納總結要點，但是學生所做的歸納其實都在教師下一張 PPT 中，學生若有超出範圍或遣詞用字與教師的不同，教師也會設法讓學生回到投影片來說出自己原來想說的話。

　　另一種情況是，當教師在備課時準備了教學 PPT，課堂上大多會將每一頁內容都講過一遍，即使是學生互動研討，

歸納總結出結論之後，教師仍會秀出課前準備的要點整理投影片，讓學生再把上面的內容複述一遍。這樣的作法充分顯現教師的「不放心」，也就是認為「不是教師親口說出的，學生就沒辦法學好。」

當今的課堂教學講究學生中心、以生為本，因此會有大量的學生動手實作、回答問題、互動研討等活動，教師必須深刻思考課堂上每一個活動的內涵，釐清學生反饋背後所體現的學情，才不會被眼前表象所「欺瞞」，使課前設定的教學思路被誤導，達不到預設的教學目標。

打造有效的
小組合作學習

第13講

課堂上的小組活動

在二十一世紀，

年輕人最重要的關鍵能力是：

解決重要問題、

問出好問題、

創造有趣的作品，

以及可以和同儕相互合作的能力。

〜 霍華德・加德納 〜

　　讓學生幾個人合在一起形成學習小組是許多教師會採用的教學策略，它使學生參與課堂活動的機會變得更多，相對降低了教師主導與控制整個教學的時間，也就是講述變少，研討、實作變多了。

　　然而，課堂上的小組活動都有達到教師想要達到的目的嗎？

　　在探討這個問題之前，必須先釐清小組活動有哪些形式。

首先要確立一件事，那就是小組活動不等同於合作學習。合作學習必須是小組的形式，但反過來卻不一定成立。

　　小組活動有**討論**、**對話**與**合作**等三種形式，它們各有其運用時機和要達成的教學目標，當然也就各有運作時應關注的重點。

小組討論

　　這是最常見的小組活動形式，但也是最常看到的空有其表，但無實質的課堂情景。〈課堂教學常見的誤區〉（請見本書第 106 頁）一文所指的「為了分組而分組的小組活動」，就經常出現在小組討論的時候。

　　小組討論時一個組的組成人數比較沒有嚴格限制，奇數或偶數都是可行的。它適用於教師提出一個主題或問題，由小組內每一個成員就自己想到的「答案」，提出個人說明，腦力激盪（brainstorming）常見於這種活動中。

　　教師進行小組討論時，常會要求小組必須形成最後的結論或答案。因此，每一個小組必須指派一位同學擔任記錄工作，負責記錄的同學必須確實記下每一個成員發表的重點，

最後全組根據這份記錄，產生本組的結論。每一組都有結論之後，還要向全班匯報討論結果，交流彼此的想法。

　　基本上小組討論常被用來取代教師在課堂上的一問一答活動，目的是希望讓所有學生都能參與到對問題進行思考與發表的過程中，教師提問所要得到的答案會比較簡短。而由於過程中要讓每一個人說明想法，使得最後得到的討論結果通常會比較發散。

　　實施小組討論時，教師必須關注以下三點，才能確保討論活動確實達到了預期目標：

1. **所有人都參與**：小組活動時經常看到總會有一兩個學生被排除在團體之外，他們通常是班上比較調皮，或是成績較為落後的學生。實施小組討論時，教師必須特別關注這些學生，確保小組內的每一個人都必須參與其中，發表自己的想法。〈幾個好用的合作學習法〉（請見本書第 124 頁）一文所介紹的 TPS 法和四聚頭法，都是透過運作機制的設計，使每一位學生都能參與在小組討論並發表看法。

2. **所有人都能說結論**：組內成員都做了發表，之後經由

討論所得出的共識，必須要讓每一個人都能清楚接收到，也就是每一個人都要能說出小組的結論，而不是只有小組長或特定組員能夠掌握討論的最後結果。為了達到這個目的，討論之後的小組匯報可採隨機指派方式，不由小組自行指派代表來做報告。例如將小組成員編號，然後隨機挑選每一組的第幾號同學擔任報告人。

3. **小組總結彙整**：每一個小組都得出結論之後，必須向全班匯報，形成集體的智慧。進行小組總結的彙整工作時，可以利用一些小道具，視覺化呈現出個人想法與小組獲致的結論，這也是確保每一個人都能參與小組討論活動的一種手段。可用的作法例如，讓每一個人把自己的想法寫在一張便條紙上，討論時將所有便條紙黏貼在一起，讓所有人都能看到每一張便條紙的內容，討論之後在黏貼的紙上標記大家都同意作為小組結論的文字，然後以實物投影機或手機拍攝黏貼在一起的小組便條紙，上傳到教師的電子白板上彙整。

小組對話

對話與討論的差異在於，對話是所有參與者針對一個問題的深入交談，它是聚焦的、深化的，適合用於針對概念進行深度探索的教學活動。〈借鏡一所成功學校的校本教學模式〉（請見本書第 260 頁）一文介紹的上杭一中「553 智慧課堂教學模式」，教師根據學生反饋獲得數據所做的教學策略選擇中，群學就必須是以對話的方式進行。組內每一位學生向其他組員說明自己選擇答案的理由，由於大家都是針對同一個問題在解說，能使聽者對照自己與說明者的想法，形成有意義的對談，有機會演化成深度的思維交流。

小組對話與小組討論一樣，必須關注所有人都參與、所有人都能說結論，以及小組總結彙整，方能使對話產生效果。

小組合作

小組合作牽涉到動手實作，由教師指派小組要完成的任務或解決的問題，例如一個實驗、一道數學解題、一篇報告撰寫等。這份任務中包含多項細節，必須由小組所有成員共同完成。而在動手解決問題之前，小組必須先解析工作內涵、

切分工作細項、指派每一個人分攤的工作、規畫工作流程，然後依照規畫執行。執行時所有人必須做好個人份內工作，並協調組內成員工作的配合。例如進行一項科學實驗，需要有人分別負責操作實驗器材、記錄實驗數據、監控實驗過程、檢測實驗準確度，最後還要能處理實驗數據和撰寫實驗報告。

小組進行分工的時候，教師可以提供適當協助，或與全班共同商定工作分配的原則，以免因為工作分配不均，造成組員之間的衝突。合作時教師要觀察經過切分之後的小組工作整合情形，必要時從旁指導。

在課堂上實施小組活動時，教師經常會搭配使用計分板，用來記錄各組於活動中的表現，活動結束後教師會根據記錄表揚表現較好的小組。但經常會看到的情況是，當有同學舉手或被教師抽中起來回答問題，學生答得好時，教師會為該生所屬的小組加分。問題是，除非有事先約定，否則個人表現與小組績效能否畫上等號是值得商榷的。有時加減分還都是隨著教師的自由心證，造成學生的抗議。因此，教師應與全班訂定計分板加減分規則，這些規則可以包含活動的表現，

也增加與課堂常規管理有關的項目，只要規則清楚，所有人都有依循的準則，使用起來才會達到應有的效果。

　　一個好的小組活動除了能讓學生習得學科知識之外，還能培養與人合作、溝通、協調等能力，且對於幫助教師照顧到更多學生有很大的助益。但執行這類教學活動時，教師應釐清目標，關注相關細節，方能發揮更好的教學效果。

幾個好用的合作學習法

在英文裡有兩個與合作學習有關的名詞，一個是 cooperative learning，另一個則是 collaborative learning，有些人將這兩者區分，另有一批人則把它們視為相同。

將二者區分的第一種說法是將 collaborative learning 翻譯成協作學習，它是指小組內所有成員都投入一份被指派的共同任務中，透過彼此協調工作內容來解決問題；合作學習則是需要小組成員個別擔負起完成被分配工作的責任，再將每一個人做好的那一部分組合起來，完成整個小組被指派的任務。二者區別在於小組中每一個人的工作負荷是否相同，合作學習的個人工作量相當，協作學習則不限制個人被分配的工作量。另一種區分法是合作學習通常用於小學到高中，協作學習則多用於大專學生。第三種區分法是合作學習關注於互動的原理，協作學習則關注於互動的結構。

俄羅斯心理學家維高斯基的近側發展區 ZPD 是合作學習

與協作學習最主要的理論依據。從學生本身已經具備的能力，到最接近他們現有能力所能學會的新能力，這一段區間就是學生的近側發展區。維高斯基相信當給予學生的學習經驗位在近側發展區中，最能鼓勵與促進學生學習，而最有效的方式就是讓學生和比他經驗更豐富或能力更高的同儕或成人來協助他，或一起進行社會互動，例如溝通與討論等。

　　合作學習對於培養學生關鍵思維能力尤為重要，當學生以小組形式一起學習，個別學生能得到更多學習量，而且學習成果的保留時間更長。實施合作學習時，通常是透過小組成員間的協同寫作、小組任務、共同解題、解釋說明、辯論、學習團隊等各種活動，使學生在小組或群體內進行社會互動來學習。以下依小組人數由少到多，介紹三種方便在課堂上實施的合作學習法，包括 **TPS 法**、**四聚頭法**（numbered heads together）和**拼圖法**（jigsaw）。

TPS 法

　　TPS 法是由思考（Think）、配對（Pair）、分享（Share）等三個主要步驟組成，通常採兩人一組的分組方式，教師角

色為監督與支持學生的討論。TPS 的實施流程如下：

1.教師指定閱讀材料，學生自學；

2.思考（T）：教師提出問題，學生個別思考；

3.配對（P）：學生兩兩配對，向同伴說明自己對問題的想法；

4.學生配對討論時教師行間巡視，聆聽學生說法並適時參與小組討論；

5.分享（S）：配對討論結束後，教師隨機抽二至三位學生向全班分享討論結果。

配對討論期間教師行間巡視的目的不在修正學生的想法，而是避免讓討論內容偏離主題，參與小組討論時教師可指導學生討論技巧和規則，增進討論的效果。而在學生對全班分享時，教師可適度擴展學生的想法，幫助他們針對問題做更全面的思考。

配對

分享

思考 TPS 法

　　TPS 實施方法簡單，卻能產生多重的教學效果。首先，在思考環節，教師透過提問培養學生思考的能力與習慣，若有需要，教師可適度提示學生思考的方向或重點；其次，在配對環節，兩兩討論可讓每一個人都參與學習活動，對於個性內向，平常在課堂上較少開口說話的學生，在只有兩人參與的討論活動中，他們可以比較沒有壓力地向同伴表達自己的想法；再者，在分享環節，個人對全班發表討論結果可以建立學生的自信心，培養正向的學習態度；最後，在與同伴討論和全班分享時，學生可以學到其他人思考問題的方法和技巧，培養他們高階思考的能力。

四聚頭法

四聚頭法採四人一組的分組方式，教師主要負責提問和控制學習活動的進行。它的實施流程如下：

1. 將小組學生編號 1 至 4 號；

2. 教師提出問題，學生在限定時間內思考問題；

3. 學生寫下自己的答案；

4. 學生起立全組聚在一起，同時展示自己的答案再輪流說明原因；

5. 組內討論達成共識後全組坐下；

6. 全班都完成後，教師隨機抽一個號碼；

7. 各組被抽中號碼的學生起立，同時展示自己小組的答案並輪流說明。

四聚頭法透過學生個別思考、作答、展示答案、小組討論、全班討論的綜合運用，帶領學生的思考從個人、小組到全班層層遞進，對問題做逐漸深入的探索。小組內部討論時，每一位學生必須陳述自己解決問題的方法或原因，能力較強的學生可以指導能力較弱的學生，務必使組內所有成員對該

問題達成一致共識。教師隨機抽號讓被抽中學生代表小組回答問題，促使小組內部討論時所有人都能聚精會神地投入。在各組代表學生對全班報告時，若說明不夠周延，教師可再請其他同學加以補充，使問題得到更完善的解決。

拼圖法

拼圖法採五到六人一組，小組成員的組成方式會像拼圖一樣，在活動進行過程中先由原始小組打散變成專家小組，再由專家小組重新組合回復成原始小組。它的實施流程如下：

1. 五到六名學生組成一個小組，每位學生都有一個組內編號；

2. 教師將閱讀材料或任務依小組人數均分並給予編號，依照編號將材料或任務指派給小組內相同編號的學生；

3. 給予足夠時間讓學生完成自己的閱讀或任務；

4. 打散原始小組，各組中相同編號學生組成臨時性的專家小組；

5. 專家小組內每一個成員把閱讀心得或完成工作，與來自其他小組的成員報告並討論；

6.專家小組解散，回復成原始小組；

7.原始小組內每一個成員向其他人報告經過專家小組討論後的內容；

8.小組對指定閱讀材料或任務進行總結報告；

9.教師對全班做一個小測驗，檢測小組學習成果。

　　拼圖法的課堂形式活潑，學生在不同小組間移動，且每一個人專注在自己分攤的工作上，除了在原始小組中獨立進行問題解決外，透過與負責相同工作的專家小組成員間互動，可針對被分派任務作更深入思考與問題解決。當回到原始小組後，每一個人都吸收了其他小組中「專家」的想法，對所分派的任務往往能提出更深入的看法。

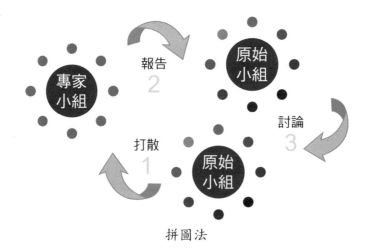

拼圖法

　　實施拼圖法時，當閱讀材料或任務被分割之後，每一個人只要負責自己那一小塊的工作，對於其他內容的了解則主要來自小組內其他同伴，這樣容易造成對自己的特別熟悉，其他則不太了解的結果。因此最後的小測驗就是用來掌握學情，確保教學成果。

　　上面三種方法的共同特點是，小組內成員的工作負擔大致相等，而且無論是閱讀教材或問題解決，每一個人都專注於自己所分配到的部分，最後將每一個人的一部分組合成一個完整任務，或是透過組內同伴間的互動研討來修正自己的學習，這些都能達到提高學習成效的目的。

　　合作學習法的教師必須擁有較高的問題設計與教學流程掌控能力，課前準備功夫更勝傳統教學，課堂上則不再需要孜孜不倦的講述，而是更像一個教練，負責為學生量身打造合適的學習內容與分量，並在他們學習時從旁觀察，透過學生表現來隨時修正教學。因此，教師不僅聚焦於課業成績的提升，更關注學生綜合素質的養成，是現代教師不可或缺的能力。

認識合作學習

教育是一個人離開學校，
把在學校所學的一切忘光之後，
所留下來的東西。
〜 阿爾伯特 · 愛因斯坦 〜

　　先作一個更正，大多數人都認為上面那一段教育名言（Education is what remains after one has forgotten everything he has learned in school.）出自於二十世紀最偉大、影響人類最深的物理學家愛因斯坦，但其實那是一個誤解，不過他的想法也相去不遠。愛因斯坦是在 1931 年於紐約州立大學的演說中引用某位不知名智者的話，原文是「假如一個人忘記了他在學校所有學到的東西，那才是教育所遺留下來的。」（Education is that which remains, if one has forgotten everything he learned in school.）因此，愛因斯坦的意思是「教

育的核心價值不在所教的科目，而在心智能力的學習——**獲取思考的能力。**」

英國生物學家查爾斯‧達爾文（Charles R. Darwin）在十九世紀中葉出版《物種起源》（On the Origin of Species）一書，提出「物競天擇」說，指出生物演化遵循「適者生存」模式進行，這一思想也意外地深深影響教育界。時至今日，「競爭」仍是大多數國家教育的主軸，學生必須在受教育過程中不斷打敗其他對手才能成功，導致教師必須以「高效」的講述式教學法，在最短時間內將最多知識傳遞給每一名學生，能吸收越多教師所講述內容的學生越能在競爭中勝出。也因此，競爭、個人化學習一直都是學習方式的主軸。

一百多年來教育理論不斷更迭，直到近數十年網際網路興起，教師不再是學生獲取知識的唯一窗口，甚至越來越不是主要來源，使得教學方法必須變革的呼聲也越來越大，其中合作學習是絕大多數教育工作者都能認同的教學模式。可汗學院創辦人薩爾曼‧可汗曾說：「當人與人聚在一起時，他們應該要彼此互動，一起討論問題，或者聚精會神的合作。」肯‧羅賓森爵士也說：「鼓勵孩子合作可以增加自信、

刺激好奇心、強化創造力、提高學習成就，並且誘導出正向的社交行為。」

合作學習是從二十世紀初的社會相依論（social interdependence）演化而來，大約於四〇年代形成合作與競爭理論。那什麼是合作學習？2007 年全球知名布洛克教育獎（Brock Prize）桂冠得主羅傑與大衛・強生（Roger & David Johnson）兄弟為合作與合作學習下了定義，他們說：「合作是人們一同工作完成共同目標的行為。在合作的情境下，個體尋求對自己，也對其他團隊成員有利的結果。」「合作學習是以小組形式，使學生們一起工作，達到最大化他們自己與其他成員學習成果的教學方法。」人們透過合作或合作學習，不僅要對自己產生有利的結果，更重要的是也要最大化與其合作成員的利益。

強生兄弟將合作學習分為**正式合作學習**（formal cooperative learning）、**非正式合作學習**（informal cooperative learning）與**合作小組**（cooperative base groups）等三種類型。這三種合作學習型態各有其特性，最簡單的區分法是依照學生一起工作時間的長短和小組的組成方式。正式合作學習採

異質性分組，小組學生一起工作時間從一節課到數週；非正式合作學習是暫時性且隨意的分組，小組組成的時間維持幾分鐘到一節課；合作小組則是由固定成員組成長期且成員特質相異的小組，時間維持一學期、一學年或長達數年。隨著小組維持時間的不同，教師角色、教學重點與教學流程也有所差異。

　　以非正式合作學習類型為例，它通常運用於課堂討論活動，教師可臨時將學生：

1. 分成二至三人一個小組，說明要小組成員一起討論的問題，以及小組所要形成共識的目標為何；

2. 接下來以 10 到 15 分鐘為一個週期，教師先講述與討論相關的教學內容，然後提出問題由小組討論進行問題解決，討論結束後教師隨機挑選 2 至 3 名學生，分別以 30 秒左右時間總結他們小組的討論結果；

3. 最後要求每一小組以 4 到 5 分鐘來總結前面的討論。

　　週期性討論這個步驟可視課程需要重複數次，最後進行總結。

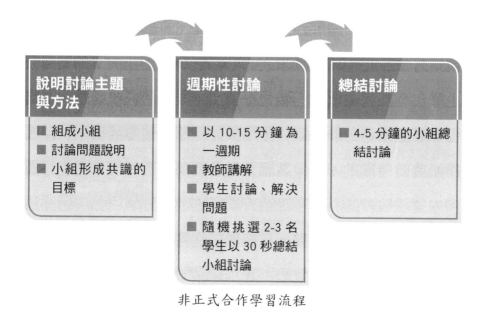

非正式合作學習流程

　　三種合作學習型態並非互斥的運用，例如可以整學期都採用合作小組設計，但在某幾節課堂中引用非正式合作學習流程。教師應該根據自己教學的需要，靈活運用不同型態的合作學習策略於教學中。

　　實施合作學習必須掌握五個基本要素[6]，分別是：

1.正向的相互依賴：這是所有要素中最重要的一項。教師要讓學生相信，小組中的所有成員是一個整體，唯有每一個人都貢獻自己的力量，並協助其他成員也能

6　http://www.co-operation.org/what-is-cooperative-learning/

同樣貢獻，他們才能一起成功完成教師指派的任務。

2.建立個人與小組的責任心：小組成員的責任心必須能夠被評估，並將評估結果反饋給個人和小組，便於了解小組中哪些成員需要協助、支援與鼓勵，以完成被指派的工作，最終完成小組的任務。

3.鼓勵課堂互動：特別是面對面的互動。小組成員間面對面的互動，包含口語解釋解決問題的方法、討論所學到的概念、把自己知道的教給同學，以及連結過去與現在所學到的概念等。有豐富的人際互動和認知活動，才能增進每一個人的學習。

4.讓學生學會人際互動與小組一同工作所需的技能：合作學習不能只關注課業學習，也要同時讓學生學會作為小組成員應具備的人際溝通與小組合作技能，包括有效的領導、作決策、建立信賴關係、溝通、衝突管理和善用過去所學等。

5.持續改善小組活動程序：在小組活動過程中，應描述哪些成員行為是有助於作決策應該持續，哪些沒有幫助應予改善，持續優化小組的合作行為。

　　相較於〈如何做好團隊合作學習？〉（請見本書第 140 頁）一文中所介紹的 TBL 團隊合作學習法，小組合作學習比較沒有嚴謹的程序，也不包含課前的學習活動。TBL 著重在培養學生應用個人自學知識於實際問題解決，也就是學術能力；小組合作學習則較專注於課堂中的學習活動，目的在同時培養學生學術與人際合作的能力。一般而言，小組合作學習的小組成員約在 2 到 4 人，TBL 則是 5 到 7 人，不同數目的成員組成一個小組，使教師在教學設計上必須隨之不同，所培養的學生能力也就不一樣。教師可以根據教學實際需要，決定採用哪一種方法，當然也可以把不同的合作學習法混合運用，達到教學與學習成效最大化的目的。

如何做好團隊合作學習？

　　TBL 團隊合作學習法是由美國中密蘇里大學賴瑞・邁可森（Larry K. Michaelsen）教授在九〇年代所發展的一種教學法。當時任教於奧克拉荷馬大學的邁可森教授以 Team Learning（TL）來為他所提出的教學法命名，後來改名為 Team-Based Learning（TBL），強調團隊建立的重要性。雖然 TBL 原始設計是為了提升高等教育的教學質量，但它所揭櫫的原理和方法，仍有相當高的參考價值，值得中小學教師採用。

　　TBL 本質上是合作學習，但它兼顧個人學習，透過適當的機制設計，使個人與團隊的學習合而為一。依據邁可森的設計，TBL 包含以下四個特性：

　　1.固定且具目的性的異質分組；

　　2.個人表現、小組績效與同儕互評組合的計分方式；

　　3.課堂多數時間用於小組活動；

　　4.一學期內重複數次的六步驟教學流程。

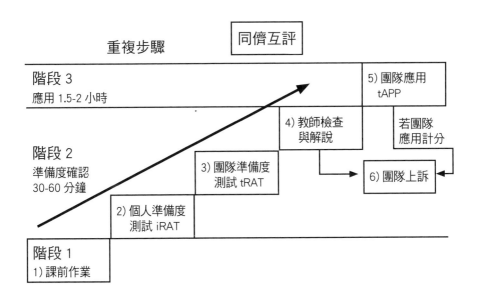

TBL 六步驟教學流程[7]

　　TBL 教學流程分成三個階段，也就是課前作業、準備度確認和應用。課前作業是自學階段，讓學生自行閱讀教師指定的教材或觀看影片。完成自學進入教室上課的一開始便要進行準備度確認，它透過四個步驟來確保學生真正完成課前的準備工作，這個階段先進行個人準備度測試（individual

---

7　修改自邁可森等人論文 Team-Based Learning Practices and Principles in Comparison With Cooperative Learning and Problem-Based Learning

Readiness Assurance Test, iRAT），接著團隊準備度測試（team Readiness Assurance Test, tRAT），然後教師檢查團隊測試結果與解說，以及必要時的團隊上訴。經過自學與準備度確認後，學生已經確保擁有學習本單元應具備的知識條件，最後則是花最多的課堂時間，用於讓學生將所學知識應用於實際的問題解決中。

在六步驟教學流程的實施過程中必須切實掌握 TBL 的特性，包括分組技巧、計分方式與問題設計。

TBL 通過團隊成員合作，來達到發展學生高階思考與問題解決能力的目標。因此，團隊組成便成為 TBL 非常重要的關鍵，它是採取異質性且固定的分組方式。為了最大化 TBL 效果，組織團隊時需要考量成員要有足夠的知識背景以完成被指定的工作。此外，成員間必須進行豐富而產出的互動。綜合考量之下，TBL 的團隊必須夠大，約 5-7 人一個團隊，依據學生的能力將他們平均分配到不同的團隊中，且團隊成員間不應存在特別的關係，例如男女朋友等。

在計分方法上，TBL 同時採計個人與團隊的表現，包括在準備度測試的個人與團隊測驗和團隊上訴，以及應用階段

的同儕互評。這樣的計分方式客觀，且要求每一位學生必須
與他人合作並照顧學習落後的同學。

　　應用階段的問題設計是 TBL 靈魂所在，也是對教師最
大的挑戰。邁可森提出 4S 作為問題設計的指導，分別是
有意義的問題（Significant Problem）、相同的問題（Same
Problem）、明確的選擇（Specific Choice）和同時報告
（Simultaneous Report），學生學習成就的高低是透過個人工
作、團隊內合作與團隊間互評的交互作用來決定。

　　有意義的問題指的是 TBL 任務設計要能引起學生的興
趣，最好是與他們的生活、學習或經驗有關；**相同的問題**指
的是無論是個人或小組的問題、案例或任務都必須是全班一
樣的，這樣才能引發並聚焦學生的討論；**明確的選擇**指的是
學生個人或小組應用課程知識於問題解決之後，必須作出決
定並產出明確的選擇；**同時報告**指的是當學生完成任務之後，
所有團隊的產出結果必須同時向所有人展示，這樣才不會讓
順序安排在後面報告的團隊在聽完前面團隊的報告之後，讓
他們原先的報告內容受到影響。

個人工作 × 團隊內部合作 × 團隊間互評 ＝ 對學習帶來的影響

每一次任務設計符合 4S 特性可以達到學習成果最大化

◆ 有意義的問題 (Significant Problem)：問題必須對學生是有意義的

◆ 相同的問題 (Same Problem)：個人和團隊都在相同的問題上工作

◆ 明確的選擇 (Specific Choice)：個人和團隊必須應用課程中的知識概念做出明確的選擇

◆ 同時做報告 (Simultaneous Report)：個人和團隊同時報告他們的選擇

有效的小組問題設計

綜觀整個 TBL，它具有一定程度翻轉課堂的精神，但其教學流程設計更為精細，能達到培養學生自學、與他人協作、評價自己與他人學習，以及問題解決等高階能力。

雖然 TBL 的原始設計是用於高等教育，為了解決大班級的教學質量問題，但擷取它的特點與流程，仍然可以應用到中小學其他學齡段。不過隨著不同年齡層學生的能力水平不同，教師在實施 TBL 時所著重與關注的點也應該不一樣，但不脫課前預習、分組方式、準備度確認和問題設計四個面向。

	課前預習	分組方式	準備度確認	問題設計
高中	教材閱讀	6-8 人一組	題目數量較多，涵蓋所有教材內容	難度高
國中	微影片和／或教材閱讀	4-6 人一組	題數少	難度中等
國小	教學微影片	4-6 人一組	題數少	難度低

不同學齡段的 TBL 設計應有所不同

　　在課前預習方面，國小學生最好透過微影片教學較能引發學生學習興趣，隨著年齡增長，高中學生則可以閱讀書面材料的方式進行，其知識容量也比較大。在分組方式上，國小尚未培養小組合作習慣，因此一個團隊的人數不宜太多，到了高中則可在一個團隊中容納較多的人數。在準備度確認方面，隨著預習內容的多寡，測驗題的數量也應隨之調整。而在問題設計方面，高中生可以給予難度較高的任務讓團隊去完成，國小階段則指派的任務不宜難度太高。

　　實施 TBL 必須緊抓它的核心精神，以及實施流程的精髓。如果只有分組而沒有課前預習與準備度確認，那應該改採合作學習法；如果只有學生自學和問題解決，那就適合採用問

題導向學習法（Problem-Based Learning, PBL）。相較合作學習法的簡單和PBL的高難度，TBL的實施與效果相對合宜，對於促進學生自學、人際溝通與團隊協作能力的培養，都有較大的優勢，值得教師在課堂上採用。

掌握學生差異
提高學習成效

數據與教學決策

　　學生終端在資訊科技融入教學中扮演重要角色，它打破過去教師在〔投影機 +PPT 〕或〔電子白板 + 電子書〕環境下只能採用講述式教學的限制，為課堂互動帶來新的機會。

　　在所有學生終端設備當中，IRS 反饋器的操作最簡單，維護也最容易。雖然有些學校或教育領導認為這種學生終端太「陽春」，不夠高大上，但不可否認，IRS 的採購與維護成本較低，仍是現階段大規模採用的最佳選擇。

　　IRS 的問題題型單調，僅適用於選擇題，這也是它為人詬病的主因。不過藉由融合適當的教學法，IRS 依然可以帶來非常好的教學效果，本書在〈融合反饋系統的發現式教學法〉、〈課堂上的對話、互動與思考〉、〈教什麼？怎麼教？何時教？〉等多篇文章中介紹過許多具有創意且效果非常好的應用方式。

　　從設計邏輯的角度來看，IRS 本質是「互動」，從多（學

生）對一（教師）的單調互動，透過教學策略形成多（學生）對多（學生）的複雜互動，所有互動都是基於「數據」。正因為「有憑有據」，使教師能從數據出發來演繹教學，清晰地「看見」學生的反饋，進而推論他們的內在思維，這也是現代課堂最核心的要素之一。

PI 同儕教學法便是依賴數據決策，使教學呈現高效的最佳範例。簡單地說，教師運用同儕教學法時，要在心中預設高低兩個答題通過率參照數字（例如 75% 和 35%），當全體學生對於一個問題的答對率達到高標以上，則教學時快速帶過，不要花太多時間；答對率未達低標，則必須對該題或該題所代表的知識概念仔細講解；介於高低標之間，小組內學生彼此說明作答的原因。教師在高通過率題目省下了教學時間，就可以在低通過率的問題與知識概念上有更充足的時間進行解說，如此不僅教學的效率更高，教學的內容也更具針對性。

既然 PI 這麼高效，那麼每次提問後就一定要根據這樣的做法來實施教學嗎？

回憶一下在〈課堂上的對話、互動與思考〉（請見本書

第 88 頁）一文介紹的數學課，教師出了一道計算題讓學生演算，題目是「在一個正方體容器內倒置一個圓錐形容器，隨機向正方體容器投擲一顆豆子，假設豆子都能落在正方形的面上，求豆子落入圓錐形內的概率是多少？」但在提問時，他先讓學生回答和這個計算題相關的另一個問題，他讓學生以 IRS 回答「這個問題涉及的幾何測度是什麼？」也就是他要先讓學生釐清，要解出這個計算題背後所涉及的概念。

　　學生在第一次作答時，有85%學生已經答出正確答案（但他們不知道正確答案是什麼）。若是依照 PI 的作法，教師應該跳過這題不必細講，直接進入下一個問題。但教師卻分別從選擇不同答案的清單中挑了幾個學生，讓他們向全班說明做出選擇的原因。聽完每一個人的想法後，全班二次作答。再次作答的通過率依然未達 100%，於是他再請改變答案的學生說明想法，然後三次作答，這一次終於全班都答對了。

　　在這一段教學中，教師當然可以採取 PI 標準作法，依通過率決定下一步教學，但因這個問題牽涉到學生能否將學到的基本概念套用到實際解題情境，因此必須所有人都能切實掌握，他們才能繼續下面的學習，因此他當下的決策是讓學

生在課堂上進行深度對話來達到教學目標，而這樣做的效果也確實非常好，透過同學彼此之間闡述想法，教師不須直接教學，所有人都能理解概念並正確回答。

　　資訊科技融入教學相較於傳統教學的最大差異是，學生在課堂上的學習活動會被轉換成數據或訊息記錄下來，有了這些真實的數據和訊息，教師得以當下做出決策，調整教學內容、速度和方式，獲致更好的教學成效。

　　用數據定教學決策，對教師來說，應先確立欲達成的目標，再決定需要什麼樣的數據。

　　以〈資訊科技融入教學的成功之道〉（請見本書第 52 頁）一文中介紹的「預習與複習模式」為例，教師在每一堂課開始時以 IRS 提問 5 題，其中包括 2 至 3 個複習題和 2 至 3 個預習題，只作答，不統計。全部答完後進行逐題檢視，若該題通過率高於 75%，則教學該題代表的知識概念時簡單解說；反之，低於 50% 則要仔細講解。

　　在這個應用模式中，由於教師只要知道每一題的通過率，因此所需數據非常單純，就是圓餅圖。

　　課堂上使用 IRS 系統所產生的數據，大致可分為原始數

據（也就是每一個學生對問題所選擇的答案）、長條圖和圓餅圖等類型，其中圓餅圖必須根據題目的正確答案，才能轉換出對錯的百分比，它僅能提供正確與錯誤比率兩個數據。長條圖則無論是否設定正確答案，它都能統計每一個選項被選擇的百分比。

　　對於強調教學效率的課堂，透過圓餅圖立即得知學生對錯比率，方便教師調整教學的應用應該已經足夠。而需要激發學生思考，加強對話的課堂，則需綜合參考長條圖和原始數據。例如在提問後得到如下的長條圖，可以判定全班學生對這個問題的了解呈現分歧現象，而且答對比率不到一半。

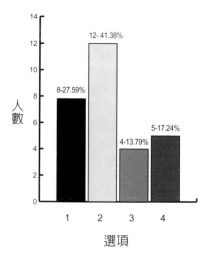

長條圖顯示每一個選項的被選擇比率

　　如果教師希望讓同學以問題為主軸進行深度對話，讓學生進行發現式學習，一種方法是隨機挑人，請被挑中的人說一說自己的想法。但這種作法可能挑到答案只集中在其中一兩個選項的學生，課堂的效率較差。這個時候比較好的作法是依選項顯示所有學生的原始數據，由於教師對全班同學有一定程度的了解，便能「狀似」隨機地從不同選項的清單中挑選學生起來說明。

　　再來看另一種情形。當學生答題後得到如下的長條圖，若預設通過率是 80% 以上快速帶過，而這個題目的正確答案是②，通過率未達 80%，所以課堂上必須讓學生進行對話研討。

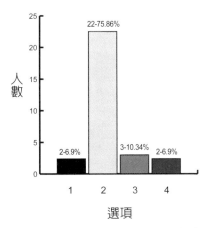

長條圖顯示學生作答偏向集中

　　這個時候該採什麼樣的對話方式？全班隨機挑人？還是從選項清單中選人發表？這兩種方法當然都可以，但由於選項的集中度高，這兩種方法的效果可能都有其局限性。PI 告訴我們，這種情況下採用小組對話的效果較好，當進一步顯示分組長條圖時發現，各組中都有選擇不同選項的成員，此

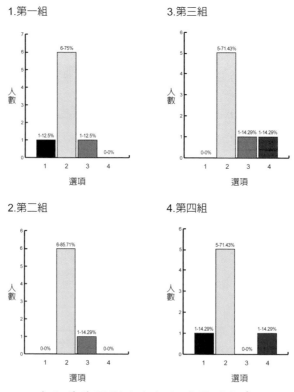

分組長條圖顯示各組內的選項分布

時給定一點時間，讓分組中每一個人，或是選了不同選項的同學說一說想法，可以製造比較好的認知衝突機會。再者，同一時間能夠發表的學生人數變多了，課堂參與度也更高。

　　無論是從全班挑人發表，或是小組成員對話來分享想法，教師都可以對同一個問題接著進行二次作答，觀察對話之後學生想法改變的情形。

　　資訊環境下的教學會取得大量精確數據和訊息，在緊湊的課堂時間中，教師必須快速根據數據、訊息和面對的學生情況做出決策，並將它轉化成教學行為。一旦實施新的教學活動，還會再有新的數據與訊息產出，課堂情況也與先前有所改變，整個課堂便是在這樣的──**數據產出→決策→教學活動→數據產出→決策→教學活動**──循環中不斷前進。教師其實很難單用一個標準做法來面對多變的課堂，因此必須培養精準判斷數據與精確做出決策的能力，不斷積累與精煉教學經驗，方能使自己的課堂教學不斷升級，帶給學生獨特的學習體驗。

　　教學環境越資訊化，教師的經驗越發重要。基於數據施行的教學策略決定了課堂品質，也分野了教師的良窳。

第18講

發現學生差異‧創造優質學習

> 子路問。聞斯行諸。子曰。有父兄在。如之何其聞斯行之。
>
> 冉有問。聞斯行諸。子曰。聞斯行之。
>
> 公西華曰。由也問聞斯行諸。子曰。有父兄在。
>
> 求也問聞斯行諸。子曰。聞斯行之。
>
> 赤也惑。敢問。
>
> 子曰。求也退。故進之。由也兼人。故退之。
>
> ～《論語‧先進篇》～

正常情況下，一個班級裡面中等程度的學生人數較多，學習成就較高和較低的學生較少，呈常態分布（normal distribution），這使得教師教學面臨嚴峻考驗，尤其學生程度落差越大，對教師的挑戰越大。在全班使用同一份教材，採用一致的教學模式下，教師終究只能照顧其中一部分學生，其餘學生只能要求他們跟著這一部分學生學習。因此，如何

兼顧不同程度學生的學習，是教學專業的重要課題。

　　班杰明‧布魯姆（Benjamin S. Bloom）畢生從事教育研究，他在 71 歲時發表一篇知名的論文，文章標題是〈兩個標準差問題：探索團體教學如同一對一家教一樣有效的方法〉（The 2 Sigma Problem: The Search for Methods of Group Instruction as Effective as One-to-One Tutoring [8]）。這篇論文整理了許多教學方法，並且比較不同教學法下的學生學習成效，最好的當然是採用一對一家教式（one-to-one tutoring）教學法，可以達到兩個標準差（standard deviation）效果，但這在學校一對多的教學情境是不可能實現的。

　　值得注意的是，採用「精熟學習法」（mastery learning）的班級，對照傳統教學可以達到一個標準差的效果。也就是以一個 50 名學生的班級，教師採用精熟學習法時，班上成績中等，也就是第 25 名的學生，到了採用傳統講述式教學的班級，可以到達第 8 名（約位於傳統班前 16%）。論文中進一步指出，如果加強課前預習搭配課堂上的精熟學習法，可以達到 1.6 個標準差，也就是中等學生可以達到傳統教學

8　http://web.mit.edu/5.95/readings/bloom-two-sigma.pdf

的第 2 或第 3 名（約位於傳統班前 5%），這是非常大的成績
提升。

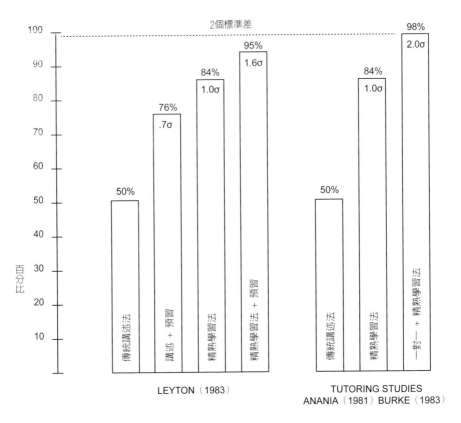

不同教學法能夠達到不同的學習效果提升

精熟學習法

　　為了解決班上學生程度差異問題，精熟學習法是以形成
性評量為手段，藉由評量結果篩選出兩個不同程度的學生群，

分別施以不同的教學策略。

　　它的實施流程是，教師在完成一個段落或單元的教學後，對全班做一次形成性評量，根據學生的評量成績，把他們分成「通過」和「不通過」兩個群體，通過的學生，由教師指派充實活動（enrichment activities），例如難度更高的補充性教材、讓學生自行閱讀教材或做練習；不通過的學生則由教師施以校正活動（corrective activities），也就是將前面的內容，重新或以另一種表述方式來教學，校正活動結束後再進行第二次形成性評量，然後兩個群體學生一起進入下一單元的教學。

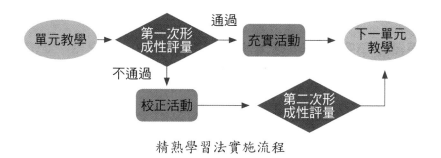

精熟學習法實施流程

　　實施精熟學習法時，教師必須進行兩次形成性評量，並針對兩個學生群體分別設計充實活動與校正活動，教師的課前準備工作較重。但最大的困難點在於，傳統教室中教師實

施形成性評量之後，必須批改試卷，再登錄分數，然後將學生分成兩個群組，而這些都無法在課堂上立即得知結果。

無論如何，像這樣將學生依程度分成不同群組，分別施以不同的處理方式，就是一種差異化教學（differentiated instruction）。

差異化教學

依據研究差異化教學的權威學者，美國維吉尼亞大學教授凱蘿‧湯姆林森（Carol A. Tomlinson）的定義，差異化教學是：「一種確保每一位學生所學（what）、如何學（how），以及表現所學的（demonstrate），能夠符合該生的準備度（readiness level）、興趣（interests）和喜好的學習模式（preferred model of learning）的程序。」它沒有一套制式的流程或方法，是由心態和差異化的一般性原則引領，其核心在於教師必須向每一位學生的個別需求做出適當回應。

定義中提到差異化必須從學生的準備度、興趣和學習檔案出發，教師必須精確了解學生在這些面向的現況，據以針對四個項目來實施差異化教學，分別是**內容**（content）、

程序（process）、**產出**（product）和**學習環境**（learning environment）。

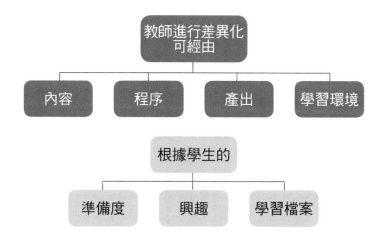

差異化教學架構

1. **內容**：指學生需要學什麼，或是他們如何取得所需資訊。進行內容差異化教學時，並不表示教師要調整學生應達成的目標，或降低他們學習表現的標準，而是給予不同的學習資源，例如語文課可以提供有聲讀物、網上電子書、紙本書籍等不同的內容存取途徑給學生，讓他們分成不同興趣小組來學習。

2.**程序**：指學生從事的活動，使他們了解或精熟學習內容。實作程序的差異化教學時，可將學生分成不同能力小組，或根據不同學習型態進行分組，每一組給予符合該小組能力水平或學習類型的一系列問題來讓他們解決。

3.**產出**：指要求學生經由練習與應用，拓展他們在單元中所學的最終項目，可以是測驗、評估、專案、報告，或其他活動。

4.**學習環境**：指學生工作與感覺的教室氛圍。環境對於學習十分重要，差異化環境可以有效支持學生不同的學習需求，這些環境必須支持學生以個人、小組或全班互動的需求，可能需要不一樣的燈光、桌椅家具，以及教室氣氛的安排等。

針對差異化教學有一些批評的聲音，認為它缺乏堅實研究和學校證據的支持，因此在實際教學環境中它並無法長久持續下去。其實這些批評並非沒有道理，因為從精熟學習和差異化教學的內涵來看，要做好這樣複雜的教學活動，在傳

統教室的環境中顯然困難重重。

　　幸好現在有了資訊科技的支持，使得這些傳統困難點有了解決的方案，例如精熟學習法中，在課堂上使用 IRS 即時反饋系統，教師便能快速得到學生評量數據，讓通過者著手充實活動，不通過者由教師進行校正教學。當發現學生差異變得不再困難，教師便能專注於設計更好的充實和校正活動，為學生創造更加優質的學習經驗。

以差異化教學打造好課堂

課，就是教育思想的源泉；
課，就是創造活動的源頭，
就是教育信念的萌發源地。
～ 瓦・阿・蘇霍姆林斯基 ～

前蘇聯教育理論家與實踐者蘇霍姆林斯基以上面這段話強調課堂教學的重要性，他並且認為「教師上好一堂課要做畢生的準備」，教育工作者必須念茲在茲地思索與鍛鍊如何把課上好。

那麼怎麼樣算得上是一堂好課呢？「師者，所以傳道、授業、解惑」已經無法滿足新世代教育的需求。一堂課不能只是教知識，還要包括獲取知識的方法，以及學校教育最重要的任務，也是與個別化學習最大不同之處——社會互動能力。教師能否在教學中兼顧這三者——傳授知識、教導習得

知識的方法、練習與他人協作，也就決定了一堂課的好壞。課堂實踐則可以用一個字來總括，也就是英文單字 STandarD「標準」的縮寫 —— STD，其中 S 是**學生中心**（Student centered），T 是**團隊合作學習**（Team-based learning），D 則是**差異化教學**（Differentiated instruction），它們也可說是衡量教學質量的基本準則。

1. 學生中心 S：以生為本教學目的在培養學生自學能力，課堂上必須讓每一位學生參與在各項活動中，透過活動設計使學生化被動為主動，並藉由課程內容進行思考訓練，學會如何學習。

2. 團隊合作學習 T：精緻且落實的小組活動能夠有效培養學生和小組成員一同協作的習慣，讓他們在過程中學會分工、合作、溝通、互助等社會化能力。

3. 差異化教學 D：基於學生的準備度、興趣和喜好的學習模式的差異化教學，使教師能夠提供更為精準的教學內容，提高學生學習成效。

要達到這三項標準，特別是差異化教學，必須善用科技，

方能幫助教師精確掌握每一個學生的準備度，再基於這些準備度資訊，提供適當內容給個別學生。學生使用平板學習，也就是一生一平板的課堂模式，可大幅提高教學與學習的便利性。

很多教師都覺得實施差異化教學的難度很高，臺北市雙園國小林欣玫老師在福州臺江區第三中心小學演示了一堂基於一生一平板的六年級數學課，就很好地展現了 STD 這三項好課堂的成功要素，特別是差異化教學的作法。

這堂課主題是教學「生活中的圖形規律」，透過問題與任務貫穿四個環節。

提問回答，引發思考

教師從讓學生操作排列吸管形成三角形開始，以實物提示機分別拍攝排出的一個、二個、三個三角形圖片，張貼在白板頁面上，接著將含有這三張圖片的頁面推送到學生平板，請學生在平板上寫出自己計算需要幾根吸管的方法。這個引起動機的設計，立即就吸引學生進入課堂主題。

學生寫好之後，教師請學生以 IRS 反饋器回答自己採用的

方法是哪一種，四個選項分別是①還在想怎麼算；②畫出 5 個相連的三角形，再一根一根數；③利用加法算出來；以及④利用乘法和加法算出來。這些選項其實反映出學生學習這個單元內容的準備度。

引導觀察，自學思考

　　經由學生回答的解題方法，便能將學生分成三個不同群組，展開差異化教學，其中選①和②的學生屬於同一個群組，代表不會列式計算，選③是懂得用加法算式解題，選④則是會綜合運用加法和乘法，具備高階運算能力。教師使用教學軟體的智慧推送功能，分別推送不同頁面到不同選項學生的平板上，這三種不同內容的頁面提供不同程度的學習鷹架，學生可以在鷹架協助下進一步思考解決問題的方法。

　　在這個環節教師給出的問題是「如果要排出相連的 20 個三角形，共需要幾根吸管？」若學生在前一個問題選擇④，那麼會收到教師推送的問題頁面中沒有任何鷹架；若選擇③，則會收到教師推送的頁面中有一個幫助他們整理規律的表格，並包含基本提示；若學生選擇①和②，收到的頁面則是

有計算引導和較詳細說明的頁面。

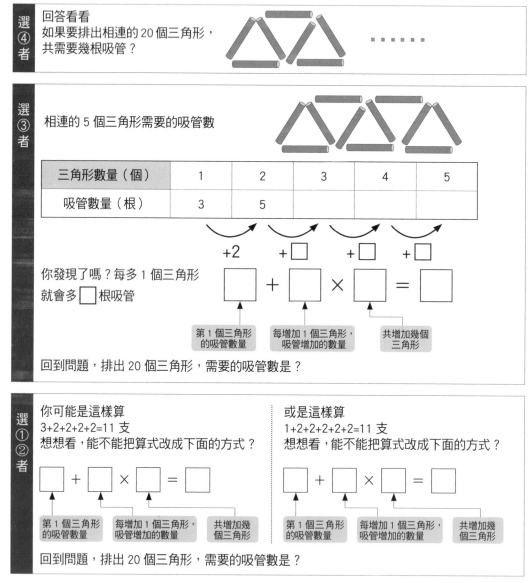

依據學生解題方法推送不同頁面進行差異化教學

　　學生完成教師指派的任務之後，將頁面回傳到白板，教師從中選取不同解法學生的頁面，並挑人上臺說明自己的作法。

　　檢核學生的解題後，教師再發一個問題讓學生解答，並以 IRS 收集學生答案，確認大多數學生都能找出圖形規律並能列出算式計算。

小組合作，互教互學

　　接下來進入小組合作環節，教師提出問題引導小組成員對話，彼此互教互學來增進解題能力。教師先讓學生觀察圖形，並讓小組討論每增加一個圍欄需要增加幾根木棍，討論之後給定一定數量的木棍，請學生算出可以做出幾個相連的圍欄，並以 IRS 作答。這個問題比前一個問題的難度更高，是讓學生從總數回推圖形個數。

　　從答題數據中顯現學生作答主要分布在兩個選項中，教師進一步切換小組統計圖，發現各小組的組內答案也同樣分歧，適合進行組內的解題對話討論，因此請學生向組內同學說明自己選擇答案的理由。

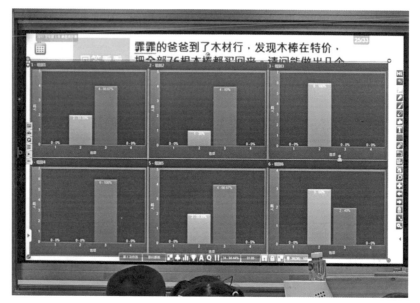

從小組統計數據中發現組內的想法分歧

經過組內成員對話後進行二次作答,得到全班都能正確做出選擇的結果。

分組競賽,強化合作

課堂最後的問題難度較高,採小組競賽方式進行。小組成員必須共同合作,有人解題,有人排列圖形,有人拍照。題目是要用 76 根木棒做出 15 個圍欄,請學生計算一個圍欄所需的木棒數目,再以發給的冰棒棍排出第一個圍欄的樣子,

每組用一臺平板拍照飛遞給教師。競賽規則是答案正確，越快飛遞照片得分越高。

課堂最後由教師總結在生活中經常可以看到的各種規律，下課前統計小組計分，頒發獎品。

從 STD 三項標準來看欣玫教師的這一堂課：

1. 學生中心：從課程導入開始，教師完全沒有採用講述法，解說圖形規律的數學計算方法，而是透過問題與任務設計，使學生圍繞從規律中推導算法的教材核心，讓學生解題、發現迷思概念，進而解決問題。

2. 團隊合作學習：除了學生個別解題之外，教學中設計了不同形式的團隊合作學習，包含 IRS 提問後，根據學生作答數據，作出決策採用組內成員對話解決問題，以及組內合作、組間競爭的小組活動。

3. 差異化教學：透過 IRS 答題數據所反應的學生不同準備度，分別推送適合個別學生的材料到他們的平板上。這些不同內容的頁面是根據他們的程度提供不同的學習鷹架，使學生在鷹架的協助下，習得以數學方法解決問題。

　　資訊科技為差異化教學帶來實現的契機，它讓教師打破過去牢不可破的藩籬，只要有好的教學設計，就能在科技的支持下，基於個別學生的準備度，為每一個人送上符合自身程度的學習內容。也因為如此，讓教師有機會可以堂堂都是高質量的 STD 好課。

學生本位的課堂

什麼是課堂上的好教材？

　　自從推動資訊科技融入教學之後，課堂上最常見到的景象就是教師利用投影機，將 PPT 投影到布幕或電子白板上，按照投影片內容依序講述，而這些上課的教材有些是教師自己利用備課時間製作，有些則是由教科書出版商提供。許多出版社還會提供電子課本，也就是多媒體電子書，節省教師備課時間，方便課堂上使用。

　　隨著教科書競爭日趨激烈，出版社提供的電子教材也就越來越豐富，多媒體電子書中包括聲音、影片、動畫、練習本等一應俱全。在幫助教師節省備課時間的前提下，教師在課堂上使用這些教材時，通常只要點選電子書上的連結就有多媒體教學媒材代勞，造成教學英語時教師幾乎不必開口，電腦都可以發出比教師還要標準的英語發音，甚至學生的練習也不必批改，電腦不僅自動改卷，還能做出完整統計。

　　但是作為一名有價值的教師，應該深入思考這些 PPT 和

電子課本之類的教材，對於學生的學習有多少幫助？它們能刺激與促進學生思考嗎？它們能增進學生在課堂上協作嗎？如果可以，怎麼做才能達到這些效果？如果不行，有其他更好更合適的課堂教材嗎？

　　經由教師和出版社編輯人員等專業人士所編輯出來的PPT 或電子課本，通常非常忠實地呈現教科書內容，課堂表現方式則以教師講述的方式行之，其本質上仍是由教師向學生單向傳輸知識。那麼如何讓學生表現出他們的思維和學習狀態呢？很顯然地，教師須有一些有效率的方法來讓學生把學習所得的內在思維表達出來。

　　課堂上學生表達學習狀態可以有不同的途徑，如果教師是以提問選擇題的方式，可以通過採用 IRS 即時反饋系統，解決數據收集與統計分析的問題。如果是練習題或數學解題，則學生可以在紙張上完成，教師再以拍攝方式轉錄到電腦中。

　　實物提示機是一種非常好的學生作品採集工具，當然它不只能呈現學生作品，也可以讓教師快速地將臨時需要的教學素材轉換到電腦中投影出來。

　　課堂上教師要讓學生把自己的練習、解題或作品和全班

同學分享討論，傳統作法就是讓學生上黑板再做一次，或是
教師以數位相機拍照，再轉到電腦上顯示出來。有了實物提
示機，只要將它們放到鏡頭下，按一個按鍵就可以拍攝下來，
並能立刻使用電子白板功能注記解說。它的即時影像播放功
能，也可以把包括實驗過程記錄等，清楚地讓所有人看到。
教師的操作演示，例如書法示範、美術畫法等，也都不只能
夠「轉播」，還能錄製下來重複收看。

　　除了單張拍照之外，實物提示機的多張圖片拍攝功能能
夠幫助教師進行連續記錄或不同作品的對比教學。例如上杭
一中張成文教師在物理電流與電壓實驗的演示過程中，請一
位學生一邊操作電流強度，教師一邊在白板上將實物提示機

實物提示機連續拍攝功能可做記錄或對比

鏡頭下的電壓計指針拍照下來，最後再將這些記錄數值畫成統計圖，說明兩者間的關係。

有了實物提示機這項工具，教師幾乎隨時可將手邊的任何素材化成課堂教學材料，結合 IRS 使用，更能有效調動學生課堂參與度和刺激課堂深度對話。

例如在〈如何深化資訊科技融入教學？〉（請見本書第 252 頁）一文中介紹林欣玫老師所設計的「小組研討創作」教學模式，林欣玫老師先講解造句範例進行引導，接著讓小組共同研討並創作一個句子寫在 A4 紙上，完成的作品就放到實物提示機下拍攝進行彙整，然後請各組派出一位代表同學，主持和全班一起的針對他們作品的討論與修改工作。改過一輪之後，全班以 IRS 票選出寫得最好的小組造句，最後教師和全班共同整理，歸納寫出一個好句子的原則和方法。

分析林欣玫老師這段教學中使用到的教材，包括例句和學生創作及投票數據。例句可以直接取材課本內容，以實物提示機拍攝後上傳至白板頁面，教師透過電子白板中的註記功能進行解說。其他使用到的教材，一是透過實物提示機拍攝各組造句作品，接著小組代表像教師一樣地在白板上注記

修改拍攝下來的句子；一是以 IRS 投票表達想法，然後在課堂上根據數據進行討論。幾乎所有使用到的課堂素材都來自於學生的當場產出。

　　像這樣的教學可以稱為「生成性課堂」，所有教學與學習使用的素材都來自於課堂生成，學生不再只是教材的消費者，同時也是生產者。正因為教材來自學生，所以和他們的認知理解程度更為接近，也更能創造好的學習效果。

　　再來看看教師講述時所需要的例句這項教材，可以製作精美的 PPT 投影片，可以在電子課本上解說，可以用實物提示機拍攝課本展示，也可以直接在白板上書寫，其中 PPT 需要在備課時花時間製作。那麼這四種型式的教材，在教學效果上有沒有差異？如果沒有，是不是採用最省力的方式來取得的效益最高？例如實物提示機當場拍攝，既不需要課前準備，課堂上也可即時取得。

　　說到 PPT 這項擁有大量支持與愛用者的教材類型，其多媒體表現方式，讓教師們可以製作精美的投影片來傳遞知識。融合訊息處理理論（Information Processing Theory）的 PPT 簡報，更能透過大腦認知發展理論來達到更好的教學效果，

但其代價就是教師必須花費大量備課時間來構思與製作這樣的教材。

正因為 PPT 的使用普遍，因此〈課堂教學常見的誤區〉（請見本書第 106 頁）一文中提出的五項課堂常見景象，其中第一項就是針對生動的多媒體課件。當學生在課堂上專注學習的時候，如果 PPT 中總是有動聽的音效和眩人耳目的動畫，試想，學生專注力是否會被這些誘人多媒體吸引，反而達不到預期的學習效果？再者，一個頁面上呈現過多文字，是否會造成學生無法在限定時間內看完所有內容的壓力？

另一種使用 PPT 最常見的現象就是一個檔案中有多張投影片，經常是超過 30 到 40 張。其實簡單計算一下就知道，一堂課 40 到 45 分鐘，平均下來一頁投影片只能停在畫面上 1 分鐘到 1 分半鐘，這還是在教師不停地講述的情況下。如果課堂上有一些討論、活動或練習，那麼一頁投影片可能 30 秒就要閃過去進到下一頁，學生可能連內容都還沒有足夠的時間去看完它，遑論教學效果了。

如果真喜歡用 PPT 教學，也許可以做個練習，就是每次做完 PPT，再從頭看過一遍，試著能不能將投影片總頁數減

少 3 到 5 頁，這時可以將一整張投影片拿掉，或是在不增加太多字數的情形下，將兩三張投影片合成一張。經常練習，每次減個 3 到 5 頁，一直到總頁數只剩 5 到 10 頁為止，這樣就能成為教學簡報製作高手，更重要的是，上課時有更充裕的時間，針對每一頁內容都是精華的投影片進行深入教學。

　　課堂教材的選取隨人而異，它和教學法有密切關聯。講述為主的課堂喜歡用 PPT 和電子書，因為它們結構化，教起來有效率。而越接近學生中心的課堂，越要將取材焦點轉向學生，由學生自己針對正在學習的概念，利用各種方式把它們表達出來，例如按下反饋器按鍵回答問題、寫出一段文字，或是畫出一張圖等，這些產出式內容更能成為課堂上的好材料，因為它們忠實反映學生當下的心理狀態，使教師有餘裕進一步挖掘與擴展學生內在思維，深化他們的內在思考與學習。

第21講

課堂教學的「四不一沒有」

> 父親用的教學方法非常巧妙，
> 因為他不是把這道理直接灌輸給我，
> 而是讓我自己透過思考去體會。
> 我必須自己動腦筋，
> 才能明白應該學習麥費登。
> 他認為如果這個道理是我自己摸索出來的，
> 我會記得更牢。
> 確實如此，
> 儘管已經過去幾十年了，
> 我到今天還牢牢的記住。
> 這是一種非常巧妙的教育方式。
>
> 〜 查理・蒙格 〜

　　股神華倫・巴菲特（Warren Buffet）形容他最親密的朋友與投資夥伴查理・蒙格（Charles Munger）是比他更聰明、更有智慧的人，並且推崇：「我對他的感激，無以言表。」

這樣一個充滿智慧的人物是如何養成的呢？查理・蒙格在他的著作《窮查理的普通常識》（Poor Charlie's Almanack: The Wit and Wisdom of Charles T. Munger）中透露了上面這一段父親對他的教導方式，也點出了什麼是好的、有效的教育方式。

　　每一堂課教師在進到教室上課時，早已設定所要達成的目標以及必須完成的教學內容。在這樣的前提下，教師必須嚴格掌握教學過程中發生的所有情況，並且按照自己的步調進行教學。在這樣的課堂中，「灌輸」知識便成為教學主要手段，課堂以教師講述為中心便自然而然形成。然而，這樣看似高效率的課堂，卻是查理・蒙格所反對的教學形式。

　　〈小小改變成為生本課堂〉（請見本書第 194 頁）一文介紹了透過簡單的教學順序調整，將原本教師主導的教學改變成為學生中心的課堂。如果覺得改變教學比較困難，那也可以從相對簡單的方法入手，就是**改變心態**，**學會放下**，具體地說就是課堂教學的「**四不一沒有**」。

不要占有講臺

　　教室裡通常會有一個墊高的講臺，主要為了讓每一位學生可以看到站在前方講課的教師。久而久之，講臺結合黑板的教室前方便成為教師權威的象徵，幾乎具有專屬感。課堂上即使有學生活動，他們也大多只能就近在座位上進行。

　　譬如在英語課上的學生會話練習，教師會讓學生在座位上站起來，倆倆對話。而這樣的練習通常會看到的現象是學生低著頭，音量小得聽不到他們在說什麼。其實教師如果讓學生移動到講臺上進行會話練習，面對全班同學講話，他們就會把音量放大，而且也可以訓練學生當眾發表的膽量。也許有教師會說，讓學生就近在座位上發表可以節省時間，但其實省下來的時間極其有限，可是卻失去了讓學生成為課堂重心的機會。

　　講臺在教室裡有其象徵意義，教師可以嘗試盡量讓出講臺，因為教師不占有講臺，那就得讓學生站到臺前，慢慢地學生就會成為課堂的主角。

不要越殂代庖

代替學生說或寫也是常見的教學行為，這種情形經常出現在一問一答的時候，例如要求學生解數學題時，教師站在講臺上，學生一邊說著計算過程，教師一邊在黑板上書寫。但教師所寫真的和學生想要表達的百分之百相符嗎？恐怕未必。因為教師在這個時候做的是「翻譯」工作，會有些自動「加工」的動作，當學生說 a 加 b 乘 a 減 b 時，教師會把它寫成（a+b）（a-b），但也許學生心裡真正的式子卻是 a+b*a-b。

杜威曾描述教師在教學中推翻或代替學生思考的情況是「學生進行歸納推論、猜測，……。如果對此想法有任何詳盡的闡述，那很可能是由教師完成的。」百年前教師在課堂上越殂代庖的情況就已經十分普遍，但課堂上必須清楚且完整地呈現出學生的想法，教師才能據以掌握他們的迷思概念（misconception）。因此，當學生回答問題時，教師必須讓他們親口說出或親手寫出，有錯誤才能及時糾正過來。

不要借學生的口說出自己想說的

　　教師於備課時常會設計一些問題在課堂上提問，這些問題都有預設答案，當教師在課堂上提問並且請學生回答時，有些學生可能表達的條理不夠清晰，或是回答內容和預設答案有差距時，教師常會透過話語引導學生回答，讓他們說出預設的標準答案。例如在教學數學透過範例引導學生發現計算規律時，當學生無法準確說出課本上所歸納的方法時，便會說：「你的意思是說……，對不對？」此時學生的回答只會是：「對！」因為畢竟這是教師說的。可惜的是失去了培養學生歸納和表達能力的大好機會。

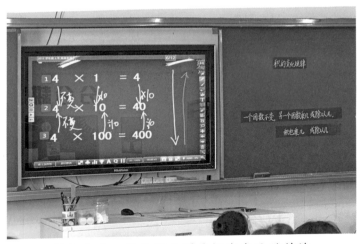

學生表達之後教師卻還是提出自己的結論

另一種常見的情形是，教師已經在 PPT 上準備所有教學內容，包括討論問題的結論，在與學生問答之後，無論他們能否說出正確的答案，教師都會將 PPT 上預備的結論顯示在學生面前，而這其實仍是標準答案思維的教學。

學生對一個概念的思考過程和歸納總結能力其實是課堂上很好的教學素材，也是教師要努力挖掘並培養的，如果學生無法獨力完成，不妨透過小組討論或合作研討的方式來進行，不要學生說了半天最後仍是回到教師預設的標準答案，這樣會讓學生覺得自己是如來佛手中的孫悟空。

不要只想把該上的上完

每一學期教師都要把整本教科書的內容上完，根據書本的內容，教師再分配每一節課的教學分量，大部分的教學進度安排是以均分方式來調配，例如一學期二十週，數學課有十個單元，那麼每個單元教學就要在兩週內完成，假定每週有三節數學課，那麼每節課就必須教完該單元的六分之一。也許根據單元難易度或分量多寡會有些許微調，不過大致是按這樣的思路安排教學進度。

但，這合理嗎？

先來看這樣的教學安排造成的結果，幾乎每一個教師每一堂課都在趕課，怕一節課沒有教完該教的內容，這些沒教完的就會積累到下一節課，一節一節積累下去，學期末只好拚命趕課，只想著把書都教完。

試問，教師的責任是把書教完，還是把學生教會？當教師把教完書本內容當作首要目標，那麼學生會不會就變成其次了，其結果往往是惡性循環，因為越教到後面難度越大，學生就越學不會。

如果學生可以在每一節課把該學的內容學會，並且是建立在思考與理解而非記憶背誦的基礎上學會，那麼隨著能力的提升，學習新材料的速度可以加快。因此，教師在安排教學進度時，應該整學期對應所有教材內容來考量，對於建立基本能力的單元內容應該花較多時間，而知識應用的單元則縮短時間，有效合理安排教學進度就能減少趕課的情形，也能將關注焦點回到學生身上，發覺學習的困難所在並針對性加以處理。

沒有學生做不來的事

　　應該說「沒有學不會的學生，只有教不會的教師」。每一位教師都受過教學專業培訓，具備學科知識背景，並熟悉各種教育理論、教學法和學習心理學。所謂成功的教學是在教學原理引領與學科教材的指導下，合理安排教學內容，並採用妥適的教學法，使學生在過程中不僅學會學科知識，更重要的是建立該學科所要培養的能力和問題解決方法。

　　既是如此，教師在課堂上所提的問題、所指派的任務，應該盡量符合維高斯基所提的近側發展區 ZPD，也就是無論是獨力完成、同儕協作，或是在教師指導下，學生都能做得到。當學生在課堂上表現出無法達到預期目標，例如說不出想法、解不出問題等，教師應該思考是否在教學設計與學習協助上做得不夠，只要挖掘問題並對症下藥，就能讓學生完成應當完成的學習任務。

　　教師要做的就是相信學生，相信他們能在自己的教學中學會知識和技能，並培養正確的態度與習慣，而這本質上其實是相信自己。每一位教師應該都像蒙格的父親一樣，讓學生自己摸索出道理，這樣的學習所得才能跟著他們一輩子。

小小改變成為生本課堂

我要退休時的世界，
會是由我的學生這一代的人來運作，
如果我用現在的方式教育他們，
那我就是在跟我自己的未來及福利過不去。

～ 丹・梅爾 ～

　　許多教師在過往的經驗上都是以教師本位教學為主，也就是講述時間占課堂時間比較高。面對當今學生中心教學呼聲喊得震天價響的新時代，總感到方向迷茫，手足無措，不知從何下手。

　　但改變自己的教學成為生本課堂其實沒有那麼難。

　　到兩所不同中學觀課時正好看到相同單元「平方差公式」教學，兩位教師的起手式非常相近，應該有許多教師在教這個單元時也都採取類似的方法。其中一位教師的教學過程大

致如下：

1. 課堂一開始讓學生進行「探究」，也就是請學生根據先前所學會的多項式計算，算出教師提供的四個多項式，這是連結學生舊經驗出發來學習新教材的教學策略。學生在計算時，教師挑了 4 位同學到黑板上來各解一題。

2. 臺前學生做完後，教師開始逐一檢查，並請同學舉手回答問題，這些問題都在引導學生最後能夠得到平方差公式，歸納出「兩數和與兩數差的積等於兩個數的平方差」。為了認證公式正確性，教師便讓學生計算以一個邊長 a 的正方形扣掉裡面一個較小邊長 b 的正方形，剩下的面積是多少。

3. 驗證無誤之後，教師以一個表格，讓學生辨識將公式套用在不同多項式時，每一項如何對應到公式，這段過程是請同學舉手回答問題。

4. 接下來就是一段讓學生熟悉公式用法的教學，課堂上連續進行幾輪的計算練習，每一輪的題目難度逐漸提高。練習時，教師先以搶權讓學生上臺在黑板上解題，

同時在行間巡視，以手機拍攝不同學生的解題方法，發送到白板，並與黑板上其他同學的解法進行比較分析。

5.課堂結束前教師以 IRS 進行檢測，學生幾乎都能正確回答。最後教師以歸納本節課教學內容作為結尾。

這堂數學課應該可以算是一個典型案例，教師從學生舊經驗出發，引導學習新概念，透過幾個例題演算歸納出新的計算公式。接著以生活化題目來驗證公式的正確性，再經由多個不同變式的題目演算，達到鞏固學習的目的，最後以檢測題來確認學生已經能夠完全掌握本節課的學習內容。

仔細分析這樣的教學慣性會發現，類似場景在各科課堂上經常見到，也就是雖然課堂看起來有熱烈互動，教師一問，學生一答，但本質上仍是教師主導掌控整個教學活動的進行。在〈課堂教學常見的誤區〉（請見本書第 106 頁）一文中已經探討過這種課堂情景，由於採用搶權和舉手方式與學生互動，使得課堂感覺上學生參與度非常高，但其實參與面並不夠廣，僅局限在那些能給出答案的學生身上。

再來檢視課堂開頭的幾段教學流程，從連結舊經驗到新

教材，教師嘗試讓學生從運算結果自行「歸納」出計算公式，雖然從不同例題得出共同的結果，這些歸納結果也的確出自學生，但其實是被限定在教師所規範的教學脈絡底下，學生僅能進行局限性的思考與對話。完全吻合杜威在一百年前所描述的課堂景象：「學生進行歸納推論、猜測，如果它剛好是正確的，教師馬上就會接受；如果它是錯誤的，教師就會加以駁斥。如果對此想法有任何詳盡的闡述，那很可能是由教師完成的。」看似學生中心的課堂，但其實並非真正以學生的思路為核心來發展教學活動，只能說是達到部分學生中心而已。

　　若是能將教學的開頭順序倒過來，或許這會是一堂不錯的生本課堂，也就是將驗證的那個問題放到課堂開頭來讓學生探究，先讓學生個別思考大正方形扣掉小正方形面積的計算方法，鼓勵學生想出各種解法，接著形成小組，透過組內討論，引導學生彼此對話，針對不同解法進行研討，形成小組共識後，教師以實物提示機或手機拍攝各組解法，再挑選代表不同解題思路的小組上臺說明做法，再以此歸納出平方差公式。

　　若將教學改變成這樣的流程會發現，在相同課堂時間裡，對學生而言，他們進行個別思考、與他人對話、比較自己與他人思考的異同、修正原有的思考、擴大思考的輸入來源（全班討論）、分析比較不同思考、鞏固思考所得等高階思考訓練。對教師而言，很明顯地在提問之後就讓出了講臺，小組研討時只要行間巡視，適時介入引導，在小組進行全班報告時也只要傾聽學生的解題思路，挖掘問題深入提問。

　　而在占據課堂最多時間的各種題型套用公式練習活動中，若能將其設計成小組任務，先個別解題，再由小組同學討論彼此算法，最後只要將相異解法的題目提出來進行全班討論，就能大幅縮短課堂上一問一答的互動時間，也能讓所有學生參與這樣的對話過程。所節省下來的時間還可以進行更高階或是更生活化問題的解決。

　　只要將原本教師主導的教學流程做這樣小小的轉變，不就成了一堂生本的課堂嗎？

　　無論任何學科，學生中心課堂教學中很重要的元素是問題設計，對數學科尤其重要的是，如何透過課堂提問與問題解決來提高學生的邏輯思考能力。在 2010 年的 TED 演講會

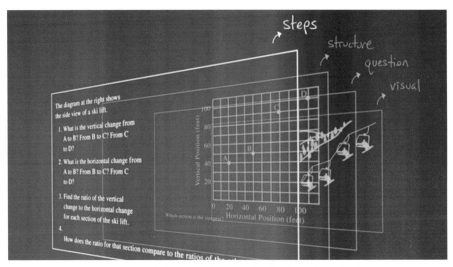

展示圖像開啟對話逐步建立解決問題的整套方法

中，美國高中教師丹・梅爾（Dan Meyer）發表一場「數學課堂需要改造」[9]（Math Class Needs a Makeover）的報告，點出美國數學教學方式的普遍問題（其實這可能是世界各國的共同現象），就是只有低層次地將題目中的數字套入一個計算體系就能得出結果。他認為讓學生從生活中的問題出發，引導他們建立整套問題解決的邏輯，甚至能夠自己設計問題，這才是一個好的數學課堂。他舉出一個他認為好的問題設計實例，題目是用滑雪纜車來定義斜率及坡度，要學生找出纜

9　https://www.ted.com/talks/dan_meyer_math_curriculum_makeover/transcript#t-369844

車位置改變時每一段的斜率變化並進行比較，這個問題將定義、結構、解題步驟、用於結構中的關係等都融合進來，並且以生活化方式呈現。教學時先展示圖像引起學生間的對話，進而引導學生找出纜車位置的四個標示點，接著定義坡度、建立量度、了解問題內涵、歸納解決問題的步驟。藉由鋪陳數學結構，提供課堂對話，讓學生達到更好的學習效果。

　　在觀課後與一位同行交流時，他總結了這麼一段話，他說：「要轉變課堂也許可以把自己原來的教學順序倒過來，本來是講述、練習、驗證的順序，先把驗證的問題丟出來讓學生嘗試解決，讓他們彼此討論進而找出一個規律，然後再套用所得到的規律來進行練習。」如果對於學生中心教學還不知道如何入手，或許可以考慮用這樣的思路來做做看。

從教師中心到學生中心的課堂

　　大家都知道，二十一世紀教學必須讓課堂從教師中心轉變為學生中心，也就是從學習者的角度來實施教學活動。那麼怎樣的一堂課才夠格被稱為「學生中心」呢？我們能以教師站在臺前講述的時間占比來區分嗎？例如教師講課時間占課堂時間超過 50% 就歸類為教師中心，低於 50% 就歸類為學生中心嗎？有沒有一條基準線來幫助我們分辨什麼是「學生中心」的課堂呢？

英國學生對於小組活動非常習慣並且自在

　　有幾次參訪英國學校的教學，觀課一整節下來發現一個共同點，那就是教師站在臺前照著教材講述的時間非常少，大部分時間是學生形成小組，有時是一起討論一個問題形成共識，有時是大家分工再共同完成教師指派的任務。不管上課地點是在普通教室或是階梯教室，學生或站或坐，就能聚在一起研討。即使是在普通教室內，學生課桌椅也是排排坐面向前方，小組活動時只要轉個身，或移動兩步，就能形成小組，開始活動。

　　課後私底下問教師，為什麼他的講課時間這麼少？他回答因為學校規定，教師站在臺前講述時間不能超過整堂課的 20%。20%！想想，一堂 40 分鐘的課，教師不能講超過 8 分鐘，那是多麼大的挑戰！

　　課堂上的活動不外講述、引導、提問、閱讀、抄寫、資料查找、思考、討論、對話、實作、發表等，其中包括教師活動、學生個人活動和學生團體活動。一個以教師為主角的課堂主要包含教師講述與學生抄寫，有時穿插教師提問、學生實作與發表，學生學習模式變成了「講光抄」與「背多分」，

缺乏思考訓練，自然侈言養成關鍵性思維（critical thinking）能力。

　　反過來看，在學生中心的課堂，教師必須刻意減少講述時間，而這一段減出來的空白時間就必須填入除了抄寫之外的學生活動，也就是個人活動的思考、閱讀、資料查找，以及團體活動的討論、對話、實作、發表。

　　一位教師要將課堂型態從對於知識傳遞必須經由仔細解說並且習以為常的講述式教學，轉換成學生中心課堂，不是一件容易的事。在開始這種轉換之前，首先教師必須相信學生，相信他們可以「自己」學習，這裡的「自己」並不單指學生個人，還包括彼此間透過互動交流的學習。

　　一個學步的小孩，一開始難免跟蹌，免不了跌跤，跌跤哭了，父母拍拍，安慰安慰，還是會要孩子繼續學走，走多了摔多了，路也就會走了。學騎車也是，開始時大人在車子後方扶著，看著他穩了就得放手，一放手也許就摔車了，但他多學到一些控制車子龍頭的方法，下次就能騎更長的距離，最終能夠優遊自在地騎著車到處跑。

　　孩子在做這些學習的過程中，大人要做的就只是簡單地

在旁邊觀察、鼓勵，開始時手扶一下，帶一下，慢慢地扶的少了，最終總要放手，一放手，孩子就學得快了。課堂上的學習也是一樣，剛開始學生需要引導，慢慢地他們便能找到學習方法，再經由不斷練習，成為一名很會學習的人。

　　教學型態的轉換也是類似，初期教師的主導性強，搭建的鷹架較多，學生的學習任務複雜度較低，著重在建立新的教學模式與學習習慣。隨著學生自我學習能力提升，習慣和同伴互動交流，再逐步將交付任務的難度提高，促成同伴間更緊密的合作，使學生參與、掌握，甚至能夠主導課堂的進行，教師則逐漸轉型成為一名教練，擬定學習目標，指導學習方法，過程中只要從旁觀察每一位學生的學習，點出他們的錯誤，提示可以精進之處。這樣的轉變就是讓教師角色從站在講臺上諄諄教誨（sage on the stage），轉型為從旁輔導（guide on the side）。

　　對有一定教學經驗的教師，課堂轉型的過程大致可以分成三個階段，分別是**調動思考力的高效課堂、建立合作意識的團隊合作學習課堂**和**任務驅動的學生中心課堂**，三者對於教師和學生能力的要求都不一樣，科技則能在這個轉型過程

做出積極貢獻，它為教師提供精確數據作為教學決策參考，也給學生創造了新的學習機會。

調動思考力的高效課堂

高效課堂強調學習的高效率、高效果與高效益，但必須建立在培養與彰顯學生思考能力的基礎上。教師依照教學進度安排課程內容，透過提問與學生反饋，教師可即時獲取數據進行決策，動態調整教學內容與速度。教學的進行仍然按照進度安排來完成，但在每一堂課的時間內施行更有效率的教學活動。

科技在高效課堂中能夠發揮關鍵性作用，它是教學轉型的催化劑。學生經由 IRS 回應教師的課堂提問，這些反饋數據真實反應學生的內在思維。教師透過使用簡單的科技，即時匯集與分析學生想法，結合教學策略，及時調控教學，使學生針對性的對於問題深入探討，不僅提高課堂參與度，更可有效調動他們的思考力。上杭一中的「533 智慧課堂教學模式」、哈佛大學的「同儕教學法」等，都是這類課堂的典型範例。

建立合作意識的團隊合作學習課堂

TBL 團隊合作學習課堂主要以小組活動為主，教師給予小組一個個問題，團隊成員透過一起分析問題、討論解決方案、針對重要概念深入對話來解決問題。而解決問題所需的基本概念，初期可以由教師講述，慢慢地轉成由學生自學的方式來建立。

一般基本的 TBL 課堂是每一位學生使用反饋器，但每一組則共用一臺平板電腦，透過科技的共用，學生自然而然地熟悉小組合作的學習模式。教師無須刻意安排，即可讓學生養成團隊合作的習慣。

任務驅動的學生中心課堂

學生中心課堂對學生自學能力提出較高的要求。教學方式主要是教師設計難度較高的任務，學生必須具備完整的基本概念，綜合應用這些概念才能完成教師所指派的任務，或稱為專題（project）。要注意，教師要設計好的任務（problem），而不是比較簡單的問題（question）。

由於這類課堂要求學生必須具備應有的基本概念，而這

些概念的獲取必須靠自學，而不是教師講述，因此科技成為學生學習的重要夥伴，例如，一生一平板模式下，學生使用平板進行閱讀（Reading）、搜尋研究（Research）、互動反饋（Response）、診斷報告（Report）、補救教學（Remediation）的 5R 活動，教師則在網上布置學生自學所需的媒材，包括文件、動畫、影片等，並有自我監控與記錄學習歷程的網站服務。

每一位教師都有個人長久時間養成的教學習性，要進行課堂轉型很難一步到位，而是要按部就班，因勢利導。善用合適的科技，絕對有助於減少轉型期的陣痛。而所謂「學生中心」的課堂，除了時間分布上教師講述的比重必須越低越好，更重要的是學生能否養成足夠的自學能力，以及與人協作的習慣。在「教師中心」的課堂中，教師常常力有未逮，無法照顧到全體。唯有徹底轉變課堂型態，才能讓每一個學生對於學習負起自己應有的責任，教育質量才能真正提升。

能做到比教育均衡
更多的遠距教學模式

遠距同步互動教學

　　遠距教學是相對於一個教室內面對面教學的另一種形式，它讓教師和學生即使身處在不同空間，仍能進行教學與學習活動，用以解決教育受到地域限制的問題。最早的遠距教育模式可以追溯到十九世紀末，由芝加哥大學所創建的函授課程（correspondence program），但其教學模式為非同步且非同時，也就是教學者與學習者身處不同地點，教學時間點與學習時間點也不一樣，這與學校最主要的課堂教學模式大相逕庭。

　　一百多年前教育是非常稀缺的資源，通常只有社會頂層的貴族或富豪才有機會獲得良好教育，函授課程的遠距授課模式打破了這項限制，使一般平民百姓和已經進入社會工作的非菁英階層也都能夠接受更高階的教育。因此，從發展歷史來看，遠距教育本質上就是為了均衡教育資源而存在。

　　隨著科技的發展，遠距教學的知識傳遞方式也逐漸升級，

在兩次世界大戰期間問世的廣播和電視，分別使遠距教學從函授時期的單純文字，漸次加入了聲音和影像，例如在英語科學習中就常見混合廣播與文字函授的遠距學習模式。後來網際網路的普及，更使學習內容提升至多媒體化。

　　無論函授、廣播教學或電視教學，其學習者大多為個人，教學者也幾乎從不與學習者見面，致使其成效始終為人詬病，即使是現今風行的 MOOC 慕課（「大規模開放線上課程」簡稱，Massive Open Online Course），授課內容結合多媒體與網路，但其輟學率經常高達 90% 甚至 95% 以上，顯示其應用的極限。

　　但若思考將遠距教學運用於學習者是一個或多個班級呢？

　　以班級為單位的遠距教學直到網際網路出現和視訊會議系統（video conferencing）成熟才被視為現實，遠距教育先驅德國學者戴斯蒙德·基岡（Desmond Keegan）將這種形式的教學稱為虛擬教室（virtual classroom），指的是教師透過視訊會議系統對學生實施教學的教育模式。美國學者麥可·西蒙森（Michael Simonson）進一步為遠距教育下了一個定

義，他指出遠距教育是一種「正式的機構式教育活動，學習者與教師身處在不同地方，透過雙向互動的電信系統（two-way interactive telecommunication systems），以同步或非同步方式連結，共享影像、聲音和教學資料。」近年來，伴隨網際網路頻寬的大幅擴增，視訊會議效果越來越趨近真實，使得虛擬教室特別受到幅員廣闊、人口分散的包括美國、紐西蘭、澳洲等許多國家的關注，期盼它能協助解決教育資源城鄉差距的問題。

	同地	異地
同時	教室教學	遠距離同步（互動）教學
非同時		函授／廣播電視教學／線上學習

依時空分類的教學活動

　　虛擬教室或遠距教育作為正式教育的一環，實施時必須具備相應的理論基礎。為此，西蒙森提出**等效理論**（equivalency theory），作為除了符合一般教育理論之外，遠距教學這種特殊教育模式的發展基石，這個理論獲得了基岡的認可與支持。等效理論中包含五個關鍵要素，分別是**效**

果相等（equivalency）、**學習經驗**（learning experience）、
適當的應用（appropriate application）、**學生**（students）和
成果（outcomes）。

「效果相等」是等效理論的核心，也是實施遠距教學最
應關注的要素，它指的是本地和遠端學習者在不同環境下學
習，教學者必須設計能夠提供給學習者相等價值的學習活動，
這些活動不一定要相同，但應考量兩地學習環境的因素，使
學習者獲得相等的學習經驗。請注意，是相等，不是相同。
「學習經驗」則是等效理論中第二重要的核心要素，它指的
是發生在學習者身上可以促進學習的所有事情，包括他們看
到、聽到、感受到和完成的事項，教學計畫的目標是讓每一
個學習者的學習經驗總和相等。

單純視訊會議系統顯然無法實踐遠距教學的等效理論，
必須還要有互動科技的支持來升級成遠距同步互動教室，也
就是利用視訊會議系統提供聲音與影像，而互動科技提供教
學與學習數據，使教師雖然只是身在其中一間教室教學，但
也能夠即時掌握兩地或多地學生的學習情形。

遠距同步互動教室就是在兩個或多個智慧教室加上視訊

會議系統，以視訊會議系統傳遞教師和學生的影像與聲音（也就是「人流」），搭配互動教學系統傳遞教學與學習數據（也就是「資訊流」），使分處不同地方的學生能獲得相等的學習經驗與效果。

　　以香港學生輔助會小學與廈門陽翟小學所進行的遠距同步互動課堂為例，香港輔小作為本地端，主教是英語，遠端班級為廈門陽小。本地端除了維持原有的課堂形式，也就是教師在電子白板上教學之外，教室內另外配備一個大型顯示屏，陽小學生影像會出現在裡面。遠距端陽小教室內的電子白板上會同步呈現輔小傳送過來的電子白板畫面，另外同樣有一個大型顯示屏，讓學生可以看到輔小的教師和學生。

　　硬體安排上，兩間教室的雙屏設計是為了讓學生有同在一起學習的感覺，這也是一般遠距教學常見的環境設置。但在軟體上，兩端教室除了使用視訊會議系統來傳送攝影鏡頭影像外，兩端連通的互動教學軟體更可傳輸學習活動資料，包括學生答題數據和練習作品等。像在這堂英語課〈Riddle〉中，當主教教師提問 IRS 問題時，不僅香港輔小學生可以使用手中的反饋器作答，廈門陽小學生同樣也能答題，這就使

主教教師得以同時掌握兩班學生的學習情形。比起傳統遠距教學，遠距端陽小學生的課堂參與感更強，而主教教師更能掌握完整學情。

遠距同步互動教室讓兩地學生可以看見彼此並一起回答問題

在遠距同步互動教學系統的支持下，教師仍然可以實施合作學習活動，遠端學生小組合作完成的作品可以透過實物提示機或平板拍照方式回傳到主教端彙整，教師再將所有作品貼到電子白板上比較討論，就像所有學生同在一個教室內

一樣的教學。而為了使兩個教室內學生有相同的學習經驗，遠距端應該安排輔教教師，在學生進行小組活動時提供必要的諮詢與協助。

　　對比於一間教室內的教學，或是一位教師對一位或多位學生的線上學習，甚至單純只傳送影像和聲音的遠距教學，遠距同步互動教學對於教學系統和教師教學能力都提出了更高的要求。教師在教學設計和課堂教學實施過程中，必須思考如何兼顧與平衡兩個不同班級學生的基本學習能力差異，如何讓遠端學生如同本地端學生一樣，有積極的課堂參與度，如何能讓兩地學生之間也能像在同一間教室內一樣，彼此間有交流、有互動。等效理論所提出的兩大核心──「效果相等」與「學習經驗」，可以作為實施這類教學的重要參考。

教學的「天涯若比鄰」

　　唐朝大詩人王勃的詩句「海內存知己，天涯若比鄰」，雖然用於形容送別知己好友的心境，但將它設定為遠距教學的終極目標倒也十分恰當，也就是實施遠距教學時，必須讓彼此相距千里之外的學生，上課時感覺好像坐在身邊一樣。

　　要創造遠距教學的「天涯若比鄰」感覺，傳輸穩定的聲音和影像僅僅是「必要條件」的基本要求而已，它還需要具備「充分條件」，也就是讓課堂的所有參與者彼此間不覺得存在隔閡。因此，回顧整個遠距教學發展軌跡會發現，從最早起源於十九世紀九〇年代開始的函授課程，其學習媒體為單一的印刷文字經由郵政系統傳遞；接著於二十世紀二〇年代的收音機廣播教學，學習媒體為文字＋聲音；二十世紀五〇年代的電視教學，學習媒體升級為文字＋聲音＋影像。這三種遠距教學形式雖然都缺乏互動性，學習者只能單向接收教學端傳遞過來的學習內容，但媒材豐富度的提高，有助於

學習興趣的提升。

　　二十一世紀網際網路普及，遠距教學開始採用這個全新的資訊傳遞管道，學習媒體進一步提升為多媒體，教學雙方也可以進行問答對話，提高了互動性。這種形式的遠距教學不僅廣為運用於個人化學習，也有許多學校用於連結不同校區相同課程的課堂教學，或是協助偏鄉地區學生獲得較高質量的城市教學資源。

遠距教學發展軌跡

　　2007 年，國立中央大學研究團隊與高雄市教育局合作，首次嘗試將分散不同學校的 IRS 數據透過雲端匯流，開展網路上的同步答題競賽。其運作方式是將 IRS 問題同時發送到位於不同校園內的班級，坐在這些教室內的學生以反饋器答

題後，作答數據即時回傳雲端，在網頁上顯示各班的答題進度和成績。這項技術提升了遠距同步互動方式，為遠距同步互動教學打下根基。

　　第一個真正的遠距同步互動教學課堂是在 2015 年由網奕資訊技術支持，泰國教育部遠距教學計畫的成果展示活動。活動中分散於曼谷、佛統省和清邁的三個班級學生以視訊會議系統傳輸影像、聲音和電子白板教學畫面，學生則可利用 IRS 回答位於佛統省主教教師的提問，統計數據則同步顯示在白板畫面上，這次成功的試驗使遠距教學開始邁入同步互動時代。

　　不同學校班級間的遠距教學可以分為主教端和參與端，主教端指的是授課教師所在的班級，其餘班級都是參與端。因此遠距教學的表示方式可以用兩個數字相加來呈現，例如 0+1 中，前面的 0 表示主教端沒有學生，只有教師，後面的 1 表示有 1 個班級學生作為參與端；又如 1+2，前面的 1 表示主教端不只有教師，也有學生，後面的 2 表示有 2 個班級學生作為參與端。在〈遠距同步互動教學〉（請見本書第212頁）一文中介紹的香港學生輔助會小學與廈門陽翟小學遠距教學

是採 1+1 形式，主教端在香港，參與端在廈門，教學單元則是三年級英語〈Riddle〉。

　　既然遠距同步互動教學有助於均衡城鄉教育資源，那麼當一個教學經驗非常豐富的教師擔任主教時，是不是參與端的班級越多，越能彰顯這個價值呢？答案是未必！以一個班級內三十名學生為例，在 1+3 模式下，學生總數就達 120 人，這對於教師要盡量照顧到課堂上所有參與學生的目標來說，人數已經遠遠超出一個教師的有效教學負荷了。因此，一個有效的遠距同步互動教學能採用的模式建議限制在 0+1、1+1、0+2、1+2 和 0+3 這五種。除了學生總人數的關係之外，影音傳輸受到網路環境影響很大，班級數越多，效果會越差。

　　臺北市志清國小、香港學生輔助會小學、廈門陽翟小學和成都紫藤小學四所學校曾經進行一場 0+3 的語文遠距同步互動課堂，由志清國小徐慧鈴老師主教〈亞斯的國王新衣〉單元。在這個 0+3 課堂上，慧鈴老師面對的是一個顯示其他三地學生的顯示屏，讓她可以清楚看到所有學生的動態和反應。

　　遠端學生則是能夠在電子白板上看到教師在教材上畫記

的同步畫面，另一個顯示屏則將教師的人像畫面以及另兩個
班級學生的縮小畫面合成顯示。看到對方畫面可以建立大家
同在一起的「見面感」，而同步的電子白板畫面則讓學生有
真正的課堂「參與感」。

遠端學生要能清楚看到教師、其他班級學生和電子白板畫面

　　在學生互動方面，徐慧鈴老師以 IRS 提問讓所有學生作
答，再根據統計數據進行補救教學，或以隨機挑人方式挑選
各班學生說明作答原因，該生說明之後由其他遠端班級學生

給予評價或回饋。這樣的教學策略是讓學生有深刻的互動感，讓身處在不同教室內的學生也能在問題的引導下進行對話。

　　遠距教學中的合作學習對教師是一個比較大的挑戰，小組活動設計、工作分配、活動開展與協助、共同合作完成指定練習以產生作品等，很多時候學生都需要教師在旁指導，因此，在遠距端教室內安排輔教教師就十分重要。輔教教師接受主教教師的指示，適時提供學生活動時的必要協助。學生小組合作完成的作品則可透過平板拍照等頁面傳送方式，回傳主教教師端進行比較研討。

　　在這堂「亞斯的國王新衣」單元的遠距同步互動課堂中，慧鈴老師針對小學二、三年級學生，以繪本為題材，搭配文本閱讀，結合學生的生活經驗，透過清晰的教學模式（說經驗→摘重點→思體悟→論收穫），一步步深入教學核心，訓練學生聆聽、歸納、比較、分析與表達的語文能力，培養他們理解並尊重個人特質不同的良好人際互動。

　　徐慧鈴老師在這次 0+3 模式遠距同步互動教學的嘗試中，她的面前沒有「真實的」學生，而是面對一個屏幕中顯示著三個不同班級學生的畫面來進行教學，而且這三個班級學生

有不同的成長背景，在學校根據不同的課程綱要學習，使用簡體與繁體兩種不同的中文字體，她必須兼顧這些差異並創造真實的課堂教學感覺，而不單是坐著聽講的被動學習，這真是一個非常大的挑戰。可喜的是，對於一位教學經驗豐富的教師來說，依然能夠順利延伸過往的經驗，只要略作適當的調整，便能套用在新形態的教學情境中，開創新的教育價值。

說經驗	摘重點	思體悟	論收穫
■ IRS 提問學生經驗	■ 聽故事 ■ 摘要重點完成學習單 ■ 小組討論 ■ 閱讀文本 ■ IRS 提問	■ 完成小組學習單 ■ 各班選出作品回傳 ■ 比較各班作品	■ 挑人發表心得 ■ 教師總結 ■ 學生反饋

「亞斯的國王新衣」有清晰的教學模式

遠距同步互動教學的魔鬼細節

在〈遠距同步互動教學〉（請見本書第 212 頁）一文中提到遠距教學的源起，本質上就有為了均衡教育資源的目的，在一百年前是為了使非菁英階層也有接受高質量教育的機會，而在現今社會中則是為了使偏鄉學生也能接收到城市較好的教育資源。廈門陽翟小學楊志現校長以其教師團隊豐富的遠距教學經驗[10]，總結出發展遠距同步互動課堂的目的，包括**幫扶、教研**與**交流**，這項經驗總結不僅為遠距教學定調了實施方向，也為多元化的遠距教學打開了全新視野。隨著目的不同，課堂形式與內容也會有所差異。

1.**幫扶薄弱校，促進教育均衡**：有些偏鄉地區學校由於師資匱乏，經常有些學科根本沒有教師能夠擔任課程，而是以其他學科教師暫時擔綱。為了促進教育均衡，

10　陽翟小學因為推動遠距同步互動教學的傑出績效，獲選為 2016-2017 年中國大陸基礎教育信息化應用示範典型案例，楊校長並獲邀在頒獎大會上唯二的學校代表進行報告。

可以由城市與偏鄉學校配對，或是由特定科目教學質量較好的學校配對較差的學校，定時進行指定課程的遠距教學。這種遠距教學類型以教學為主，教研為輔，也就是主要目的在提高學生學習質量，大多採取 0+1 模式，也有採取 1+1 模式，實施時間為每週或定時舉行，為期至少一個學期。成都師範銀都紫藤小學與汶川地區學校、廈門陽翟小學與同安郊區白交祠教學點、寧波惠貞書院與江北郊區修人學校、臺灣「偏鄉希望工程，遠距智慧語文」公益計畫中多個配對學校等，都是採取 1+1 模式的遠距幫扶教學。

2. **強校聯合，開展校際教研**：同學科教學質量較好的學校，或校與校間有學科優勢互補的二至三所學校，為增進彼此教師專業成長而開展的遠距教學活動。這種遠距教學類型為教學與教研並重，大多採取 1+1 模式，少數採用 1+2 模式，實施時間較不固定。「兩岸四地遠距智慧教室聯盟」的 1+1 模式，以及「兩岸三地遠距智慧教室強校聯盟」的 1+2 模式皆屬此類。

3. **異地文化差異交流**：不同地區學校有不同課程綱要，

甚至不同文化內容與風俗習慣，透過遠距教學活動，可使師生了解其他地區的教學內容和習慣，豐富學生學習經驗及擴大視野。這種遠距教學類型以教學為主，教研為輔，大多採取 0+2 或 0+3 模式，實施時間視實際需要安排。「兩岸四地遠距智慧教室聯盟」的 0+3 模式屬於此類。

類型　　　　　　　　　　　模式	0+1	1+1	0+2	1+2	0+3
幫扶薄弱校，促進教育均衡	✓	✓			
強校聯合，開展校際教研		✓		✓	
異地文化差異交流			✓		✓

遠距同步互動教學類型與對應課堂模式

要實施遠距同步互動教學並不是把資訊科技系統架好，授課教師就可以直接上場開展教學活動，通常這樣做的結果幾乎都是影音斷斷續續，或是只有主教教師端班級有真正參與課堂活動，遠距參與端只是呆坐著聽講，達不到預期目標。遠距教學本身對所有參與者而言，由於距離關係，會造成相當程度的疏離感，因此致力於縮小這種疏離感實是遠距教學成敗的關鍵所在。三共模式—共備、共學、共研——從課前

的共同準備、課中的共同教學一起學習，到課後的共同教研，三位一體，同等重要。具體落實三共模式的內涵要求，對於提高遠距同步互動課堂的效果與成功率有很大的幫助。

共備	共學	共研
■ 主教教師提出教案 ■ 主教輔教教案討論 ■ 系統測試 ■ 遠距相見歡	■ 指定教材網上先學 ■ 課前課 ■ 遠距同步互動課堂 ■ 遠距大合照	■ 主教教師說課 ■ 專家點評 ■ 參與端與主教 　端校長總結

遠距同步互動教學的三共模式

共備

　　共備是為了確保正式共學活動的順利進行，並盡力達到更好的教學效果，因此，共備時要做好技術和教學兩部分工作。

　　在教學準備部分，要達到教案設計定稿的目標。主教教師必須在正式課堂之前 7~10 天提出教案初稿，先發送教案給參與端的輔教教師，讓對方了解教學內容與課堂進行方式，再以遠距視訊或通訊軟體（如微信、Line 等）與輔教教師研討，然後根據雙方討論結果進行教案修正。教案中應包括輔教教師應於何時提供何種教學支持工作，例如主持課堂中的小組討論，或是指派發表的學生等。雙方針對教案的研討應至少進行二至三次，以確保教學能盡量符合所有參與學生的程度。徐慧鈴老師在臺北志清對廈門陽翟、成都紫藤和香港輔小的 0+3 遠距同步互動教學共備階段，記錄了教師們在教學準備所完成的工作如下：

　　我們提早啟動了共備，輔教端輔小巫老師、陽翟莊老師和紫藤李老師透過群組文字對話、視訊討論，由她們對班級學生學習的掌握，提供教學設計的調整建議，因為充分的討論，我們得以克服不同班級學生的學習需求差異，取得最佳的平衡設計。接下來，我們進一步試圖建立教學時，主教和輔教互相搭配的默契，透過課例研究，輔教夥伴仔細確認教

學環節中，當主控權回到遠端各班時，她們必須負責哪些指導步驟。

在技術準備部分，位於不同地區上課教室的網路連線穩定度是技術保障最優先要考慮的要項，為了達到頻寬的穩定性，教室與教室間的連線最好採用專線。而在影音傳輸方面，如果所有主教端與參與端使用相同的錄播系統，通常可以直接連線，不需要另外借助視訊會議系統，否則就必須將攝影機鏡頭和麥克風收音接入視訊會議系統。在正式上課的一週前，主教端和參與端教室必須測試錄播系統或視訊會議系統的對接效果，除了影像清晰度之外，更要處理聲音迴授與衝突抑制的問題。另外在課堂數據傳輸方面，互動教學系統中的反饋器數據和平板畫面傳輸也要一併調適完成。

為了增進不同學校學生彼此間的熟悉度，在共備階段可以安排一次遠距相見歡活動，以主教端教師為活動主持人，所有參與課堂教學的班級必須展現二至三個個人與團體才藝表演節目，節目與節目間則穿插隨機挑人的各班學生自我介紹，讓所有主教端與輔教端的教師和學生在輕鬆的氣氛中建

立熟悉感，減低接下來共學活動時的疏離感。

共學

　　完成準備進入正式遠距課堂教學，主教教師上課時要同時觀察本地端學生和參與端學生的學習反應，因此，適當的顯示屏數量與擺放位置安排能夠有效幫助課堂教學的進行。若採 1+n 模式，從主教端來看，學生要同時看到教師教學的電子白板以及參與端學生畫面，授課教師除了使用電子白板之外，也要同時看到眼前的本地端學生和參與端班級。基於此，顯示參與端學生的顯示屏最好擺放於學生左側或右側，與教師成 30~45 度角的位置，這樣學生可以同時看到白板畫面，也能同時看到參與端學生。而對主教教師而言，慣用右手的教師只要稍微斜站，就能同時看到本地端學生和擺放在學生左側的參與端學生畫面顯示屏。

參與端學生畫面顯示屏擺放在學生側邊 30~45 度角的位置效果最佳

　　若是採 0+n 模式，則所有參與端學生應同時顯示在一個顯示屏中，擺放位置則要放在主教教師的正對面、攝影鏡頭的正下方。

　　對參與端班級來說，學生要同時收看電子白板、主教教師和其他班級學生，因此最好各自有一個顯示屏來投射畫面，且都擺放於學生正前方，電子白板置放於中間，旁邊擺放其他顯示屏。若無法準備充足數量的顯示屏，則可將主教教師和其他班級學生畫面集中於一個畫面上，也就是教室內使用 2 個顯示屏，上課時有專人切換教師畫面或學生畫面，方便學生觀看。

　　在一般班級教學時，教師要創造師生互動機會，其形式主要是問答，而生生互動則是藉由對話、研討與協作來達成。轉換到遠距同步互動教學的場景時，楊志現校長進一步提出教師應該特別留意的三個課堂教學關注點，在原有的**師生互動**、**生生互動**之外，加入**師師互動**。即使是原有的兩種互動，在遠距課堂中也要擴展為本地端與參與端之間的互動，例如師生互動中向學生提問時，要讓每一個班級的學生都有機會回答問題，或是生生互動中學生回答之後，可以讓其他班級學生進行回饋與評價。師師互動部分，則是主教教師與輔教教師之間的工作協調。雖然教案設計中已經列出輔教教師應該協助的工作，但在臨場上仍需由主教教師明確指示輔教教師工作的內容與時間，包括小組討論的引導、班級內的討論、代表學生或作品的選拔等，再由主教教師彙整各班的成果進行全體活動。

　　為了提高共學的成果，主教教師可以安排適當的課前活動，形式可以是微翻轉或課前課。微翻轉是要求學生於正式上課前，在雲端平臺中觀看教師準備的預習材料，包括影片、閱讀指定教材或文本，並完成事先布置的作業、練習或討論。

若是客觀條件不適合安排微翻轉活動，則可進行課前課，也就是在正式課堂之前的一小段時間遠距教學活動。課前課時間不宜超過 15 分鐘，課程內容單純化，具引導學生進入教材主軸的目的，可達到讓教師和學生初步熟悉遠距教學的課堂效果即可。徐慧鈴老師在實施課前課之後，記錄了心得總結如下：

在相見歡中，安排課前課「語文好好玩」，除了讓我和孩子能真正互動，也讓孩子先認識我的課堂中常用的指導語、合作學習模式，培養彼此的默契。……經驗了這 15 分鐘的課前課，我較能掌握遠距時的教學節奏，和輔教教師討論後，做了最後一次的課例調整，對於隔週正式的遠距智慧教學，我也安心了許多。

共研

在正式遠距共學活動時，主教端和遠距參與端應邀請校內學科帶頭人、教研室或師範院校教授等校內外學科與教學專家共同觀課，並在課堂教學一結束，立即展開教研活動。

　　共研活動的內容安排上，應先由主教教師進行說課，接著輔教教師給予回饋，然後由學科專家和校內教學領導分別從教材設計、教學活動安排、科技運用等不同面向，提供具體評價與建議，最後由主教教師進行完整的總結與歸納。徐慧鈴老師在共研活動後，寫下個人省思如下，從這些文字中會發現，主教教師可以從共同教研中真正學習到教學的可精進之處，這也是一次難得教師專業成長經驗。

　　在今日的共研中，成都師範學院周教授觀察到我在課堂中的教學調整，因為遠距教學有技術上的難度，所以教授還是肯定了我的教學調度，但也提醒，教學中，最重要的還是要提供孩子思考碰撞的機會。我想，這就是我這一次在教學的即時調整時，做得不盡理想之處，當時間不夠時，應該捨棄的是直接提取式的問題，保留讓孩子互相評價、反饋的機會。

　　……

　　遠距課堂，學生經驗分析的掌握非常重要，但也非常困難，因此，除了語文教學目標不宜太高，盡量選擇不受文化

背景、語言習慣限制的題材較佳，若能貼近學生生活經驗，更易引起共鳴。

......

畢竟教學對象是陌生班的孩子，師生之間在指示語或提示語上都缺乏默契，應該要提供答題鷹架，讓孩子知道如何回答。

遠距同步互動教學無論其目的與類型為何，它都是一種打破教育界現有教室與學校藩籬的創新嘗試，它以非常低的成本，不僅使學生可以從中獲得更好的教學資源、更新的學習經驗，更寶貴的是能經由網際網路這個媒介了解不同文化、背景學生的能力與思維方式，擴展他們的視野。教師也能學習到如何掌握多樣化與更大差異化學生的課堂處理技巧。透過共研活動的智慧淬鍊，更有助於教師的教學專業成長。更重要的是，學校要推進此類教學創新活動，看似簡單，但其中有諸多細節需要切實掌握，才能確保遠距教學的成功，達到創新教學的目的。

專注教師專業發展
才是成功之鑰

推動資訊科技融入教學
要做好的第一件事

　　1999 年，臺北市推出「資訊教育白皮書」，預計在 2001
年達到「校校有網路，班班有電腦」目標，將北市所有中小
學教室內全部裝上電腦和投影機，要在進入二十一世紀時，
與香港的「與時並進善用資訊科技學習五年策略（1998/99 至
2002/03）」，以及新加坡「資訊教育總藍圖」計畫互別苗頭，
成為資訊科技融入教學的領頭羊。

　　2002 年，臺北市針對第一期計畫缺失的改善，繼續推出
第二期「資訊教育白皮書」，這個計畫是為了進一步達成「班
班用電腦」政策目標，因為教室裡裝了電腦，但教師還是繼
續使用黑板粉筆教學，仍然未能改變教學習慣。第二期的三
年計畫透過大量培訓及環境改善之後，大部分教師都能在課
堂上熟悉地使用 PPT 上課，目標總算初步達成。

　　這個教室裡的電腦從「有」到「用」的過程花了將近六

年時間。但到了今日，還是有許多教師在教學中使用的科技仍然停留在 PPT。有些教師雖然已經很善於使用電子白板或觸摸一體機，但其內容仍以 PPT 或電子課本為大宗，形式仍是講述式教學。

如果詢問教師為什麼不喜歡在課堂上使用科技來教學，得到的答案不外乎「我教得好好的，幹麼改？」，也有人說「我有啊，我都用 PPT 上課」，不然就是「教學系統難用又常當機，我不敢用」，還有人說「用電腦不會教得比較好」，或是「用電腦上課學生常規很難控制」。

關於「我教得好好的，幹麼改？」

這基本上反應出教師在舒適圈待久了的想法，覺得不改也不會怎樣。我們來看看創新擴散大師埃弗雷特・羅傑斯（Everett M. Rogers）和傑佛瑞・摩爾（Geoffrey A. Moore）怎麼說。

羅傑斯在觀察包括美國農業改良等許多創新事物出現過程，提出了創新擴散理論（Diffusion of Innovations），他說明創新事物在社會系統中擴散會面對不同類型的人而經歷五

個階段，分別是創新者（innovators）、早期採用者（early
adopters）、早期大眾（early majority）、晚期大眾（late
majority）和落後者（laggards）。

　　後來摩爾基於羅傑斯的創新擴散理論，進一步提出科技
採用生命週期理論（Technology adoption life cycle），也就
是新科技的普及會面臨早期採用者和早期大眾之間的一道鴻
溝，只要普及率能跨越鴻溝（crossing the chasm），那麼市
場就會自然推進到晚期大眾，甚至落後者，達到全面性普及。

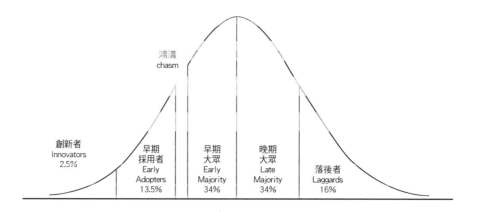

科技採用生命週期理論 [11]

11　本圖修改自 http://www.brucepharr.com/crossing-the-chasm-is-counterintuitive/

　　科技在教學環境中的擴散隨著電腦、網路和電子白板等設備的建置，早已跨越那道鴻溝，成為主流應用，全面普及的到來只是時間問題而已。所以今天「教得好好的」，不代表明天還能如此。

關於「我有啊，我都用 PPT 上課」

　　坦白說，以現今的科技環境，用 PPT 上課已經不能被稱為資訊科技融入教學了。

關於「用電腦不會教得比較好」

　　這會不會是教師自我感覺良好呢？教師真的能清楚了解每一個學生的學習問題嗎？《親子天下》在 2014 年做了一份中小學生情緒力大調查[12]，結果指出分別各有大約三分之一的學生上課聽不懂和上課很無聊。聽不懂是學習力屬於後段的學生，很無聊則大多是前段的學生，所以就統計而言，教

12　https://www.parenting.com.tw/article/5056995-%E3%80%8A%E8%A6%AA%E5%AD%90%E5%A4%A9%E4%B8%8B%E3%80%8B%E6%83%85%E7%B7%92%E5%8A%9B%E5%A4%A7%E8%AA%BF%E6%9F%A5%EF%BC%9A%E9%9D%A2%E5%B0%8D%E8%B2%A0%E9%9D%A2%E6%83%85%E7%B7%92%EF%BC%8C%E5%AD%A9%E5%AD%90%E6%9D%9F%E6%89%8B%E7%84%A1%E7%AD%96/?page=2

師教的是一個班級裡面學習力中段的學生，大約三分之一。

　　在沒有科技工具輔助下，教師教學時靠的是觀察課堂上學生反應，然而這卻容易被假象所矇騙。例如課堂上提問時由於沒有辦法讓所有人都回答，通常會由舉手的學生中挑人作答，而這些會舉手的學生大多是會答的人，教師在聽過一兩位學生答對之後就誤以為大家都會了，其實不一定，因為不會的學生都隱身在沒有舉手的那群人裡。為了避免這種現象，有的教師會隨機挑選，或故意挑平常比較少表達的學生，但老實說，這麼做過幾次，這些學生都答不出來，為了不要打擊他們的自尊心，教師通常就自然而然避免叫這些學生了。

　　有了科技以後，每一個學生透過手中的終端，無論是反饋器、手機或平板，都要回答教師提問，這樣就能蒐集到全班的回答數據，精確掌握班上的學習情況，甚至進一步基於數據來進行教學決策。相較於沒有科技的課堂，資訊科技融入教學顯然更能提高教學成效。

關於「用電腦上課學生常規很難控制」

　　這種現象在學生使用筆電或平板的教室裡特別明顯，但

這其實和傳統課堂是一樣的。在沒有科技的課堂裡，學生還是會有畫課本、偷看漫畫、傳紙條，甚至神遊的時候，只不過有了科技就變成上網、傳訊息、打遊戲而已。有些教師會要求教學系統要有鎖屏或是封網功能，但這些都不是治本的方法。

　　學生利用手上終端做一些無關學習的事情，根本原因在於課堂參與度不夠，或是不夠「忙」，才讓他們有餘暇他顧。教師可以透過組成學習小組、分派合作任務、加強課堂對話與討論等教學活動設計，讓學生忙於正規的學習活動。若再加上課堂規矩的要求，就能有效掌控教室常規，更能幫助學生積極參與課堂上各項學習活動。

關於「教學系統難用又常當機，我不敢用」

　　比起十年前的技術水平，現代電腦的穩定度可說是大有改善，已經不會經常當機，即使當機之後也都能順利回復，障礙已大大降低。

　　至於教學系統難用則是值得學校好好省思的問題。很多學校在挑選教學系統時，總是比較各式各樣的功能，也不管

功能實不實用，似乎功能越多的系統就越好。或是限於經費，只能東拼西湊，搭配各種免費軟體來用，使得教師上課時必須頻頻在各個軟體間切換，或是學生要常常拿起平板掃 QR code。不要小看這些不起眼的干擾，它們對於課堂上好不容易培養起來的專注氣氛和學生思維連貫性會造成隱性破壞。而教學系統的功能多樣，使用的軟體種類繁雜，對教師科技能力要求也就越高，培訓所需時間也就越長。

綜合前面的分析，可以發現推動資訊科技融入教學要做好的第一件事情是選擇好的教學系統，那要如何挑選好的教學系統呢？這件事說難倒不難，但說簡單卻也不容易。可以歸結到兩個點上來思考，也就是**一體性**和**普及性**。

一體性

教室內所有設備、資源都要能整合到一個操作介面，也就是教學軟體上，越少的軟硬體切換越好，教學所產生的學習記錄與歷程也要透過這個介面保存下來。操作介面的簡化能讓教師更加專注於教學活動本身，而非經常分神去想現在應該使用哪一個功能，打亂教學節奏。

把教學記錄和學習歷程也整合到與課堂教學串連起來的整體運作環節中，能讓資源做有效統整，教學相關素材、數據與過程能被積累下來，有助於長期追蹤個別學生的學習狀況，利於進行個性化輔導。

普及性

這是分辨教學系統有效性的最佳指標。普及性指的是這套教學系統有多少學校、多少教師在用，要特別關注在這些使用學校裡面是只有少數幾個教師在用，還是覆蓋大多數課堂。創新擴散理論已經點出，任何團體中都會有創新者作為先行者，所以有幾個教師用得不錯並不稀奇。如果一所學校內有超過五分之一的教師平常教學都在科技化環境下進行，表示在這個學校已經跨越那道鴻溝，全面普及指日可待。一套教學系統有越多這樣的學校，表示通過教師接受度的考驗，足以作為其他學校選擇時的參考。

大陸教育部長陳寶生於 2017 年 9 月在《人民日報》撰文，吹響了「課堂革命」的號角，將教育改革重新聚焦於課堂，透過課堂變革實現以人為本、以學為本、以生為本的學生中

心教學，而資訊科技是教學形式與內涵轉化和升級的最佳觸媒，也是最好的工具。正因如此，選對教學系統，使教師能在科技輔助下發掘教學缺失，及時導正，並使學生在新理念、新模式與新工具的環境中學習，發展出適合數位時代工作與生活所需的態度、習慣和能力。

如何深化資訊科技融入教學？

場景 1

　　有一堂學生使用電子書包的英語公開課，教師在電子白板上以出版社提供的多媒體互動電子書進行教學，透過點選多媒體讓電子書中的人物對話，教師要求學生跟著電腦複誦。教學 15 分鐘後，學生開始戴上耳機，自行操作電子書包中同一份多媒體電子書跟著念。接著，教師請學生拿下耳機，讓他們舉手回答從電子書中點選的問題。最後，教師再請學生自行操作電子書的單元練習題，電子白板上即時顯示全班同學的作答成績。課堂結束前，教師根據作答結果，要求未達標準的同學課後時間必須多多練習。

　　整堂課的教學充分使用資訊科技，課堂氣氛十分熱絡，沒有冷場，現場觀課的教師們非常佩服資訊科技能讓學生整堂課都完全投入學習活動中。

我的疑問是

1.如果把這堂課的授課教師換成一個普通大學生，同樣操作多媒體電子書來上課，課堂效果會有多大的差異呢？

2.教師對學習的檢討是根據學生答對多少題目來決定的嗎？

場景 2

　　在一個網路直播的小學數學〈面積〉單元課，教師手上拿著平板，一邊操作平板讓 PPT 同步投影在白板上，一邊對著學生講述 PPT 上的內容，偶爾穿插學生於課前拍攝的大約 30 秒小短片、讓學生形成小組討論、學生舉手教師挑選上臺報告等活動。課程結束前教師請小朋友拿出自己的平板，開啟配合〈面積〉單元的遊戲來作答，最後則是幾個練習題，白板上會同步顯示學生作答進度和成績，大多數學生都能正確完成，但教師發現其中一個問題有四五位同學答錯，特別告訴大家這個題目的正確答案，並請這幾位做錯的同學下課後要再想想。

我的疑問是

1. 教師整堂課拿著平板在上課，有辦法每天每節課都這樣嗎？

2. 小組討論和學生舉手起立回答的關聯是什麼？

3. 教師在最後為什麼把少數幾位答錯的同學特別點出來讓他們課後再想想？這個教學策略能否達到預期的目標？

　　我們想知道的是，從這兩位教師的例子中，他們是否真正發揮資訊科技在教學中所能達到的效果？如果沒有，原因何在？

　　這兩位教師的不同點在於，前一位是按著電子書的內容與順序來教學，後一位則是學生能將自己的作品與想法在課堂上呈現。如果一位教師完全按照電子教材來上課，那麼教師角色的可替代性高。另一方面，課堂上讓學生小組討論後發表，教師如何確定學生的發表與先前的小組討論有關？如果無關，為什麼要做小組討論？再則，一直從舉手的學生中挑人來回答，教師如何得知那些害羞或不想舉手的同學是否真正參與了課堂活動？此外，兩位教師的共同點是她們都在當堂課結束前要求學生做幾道練習題，用來檢核學生是否都學會了這堂課的內容。如果全部都是通過率高，那麼學生達

標，教師也達標了；反之，教師會要求未達標的學生於課後再加強。可問題是，如果學生給出了很高的問題答對率，表示學生學好、學會了嗎？教師對於學生學會的標準，有沒有比答對問題更高的要求？

剖析課堂教學活動可以總結出講述、問答、討論、實作、競賽等等多樣化的小片段，大多數教師在課堂上幾乎都是信手捻來就能採用適當片段來支持教學，也都能說出背後的教學法或教學原理。譬如小組合作學習是課堂常見的場景，例如前面場景 2 中教師就採用這種做法。但就以此為例，如果學生在小組討論之後的舉手發表，說的內容還是跟未分組討論前的一樣，顯然這一段小組討論的時間是形式化而沒有作用的。教師要思考的是，在小組討論的教學片段中應該要做什麼樣的設計，才能發揮真正的效果。

當資訊科技進入教室之後，觀察實際課堂教學會發現科技讓教師的教學呈現兩個完全不同的走向，有些教師能讓自己的教學變得更有效率、效果更好；有的則會忘了自我，時時想著科技應該如何操作，完全被科技帶著走。那要如何讓教師的教學變得高效，而不是被科技牽絆呢？最好的作法是

為自己的教學建立模式。所謂的「教學模式」指的是教學過程中，由數個教學片段所組成的一個完整流程，用來達成一個教學目標。臺北市雙園國小林欣玫老師發展了「小組研討創作模式」，她首先應用於小學語文的句型教學中。

　　一般的造句教學，多數教師會讓學生依據句型要求寫出自己的句子，教師可能會找幾位學生上臺把他們的句子寫在黑板上全班一起檢討。「小組研討創作模式」改變傳統個人寫作練習形式成為小組活動，包含 6 個獨立片段：

1. 教師先給出一個示範句型，透過這個範例來解說句型寫作的要點；

2. 將學生分成 6 人一組，根據教師的範例與要求，小組一同討論寫出本組作品；

3. 每一小組指派一位代表上臺將作品交給教師，教師收集所有作品展示；

4. 小組輪流上臺，由一位代表在臺上接受全班同學的建議修改作品；

5. 各組作品都修改完成後，全班投票，選出最好的作品；

6. 教師帶著全班一起討論，總結出寫好一個句子的要素。

有了教學模式設計之後，接著檢視科技能夠如何讓這段教學產生更好的效果。例如在片段 3. 可以使用實物提示機來拍攝每一組的作品，這樣就可以在一個畫面上同時顯示所有作品，方便對照比較；此外，在片段 5. 的投票可以使用 IRS 或平板，方便快速蒐集與統計數據，還能根據每一個人的投票紀錄挑人起來說明。

這一個原本是為了語文句型教學而設計的模式，有另一位教師將它運用在小學數學科，結合七巧板排列的幾何單元教學。可見得一個設計得好的教學模式能夠被輕易地複製到其他單元，甚至其他學科或其他年級的教學活動中。

什麼是一個好的結合科技應用的教學模式呢？我想它的要求應該有三點：**須完整、能連結、可複製**。完整的教學模式不必很複雜，它要被設計成能達成一項教學目標；能連結指的是可以讓教師方便地將兩個不同的教學模式結合起來，完成一項更大範圍的教學任務；可複製指的是其他教師拿到這個教學模式，不經修改就能直接套用到教學中。

透過教學模式的設計與精煉，教師可將寶貴的教學經驗具體化，能夠有效促進個人教學能力的提升。有了具體化的

教學模式，教師間可以彼此交流研討，修改原有的模式設計，使這些模式的成效更好，應用更廣，也就能達到〈資訊科技融入教學的成功之道〉（請見本書第 52 頁）一文中所提出的，達成「普遍用」目標的四項建議之一，也就是「建立可複製的教學模式」，使學校更深化地推進資訊科技融入教學，進而帶動課堂教學的變革，帶來全新的教學風貌。

借鏡一所成功學校的校本教學模式

　　教育界推動資訊科技融入教學已有超過二十年的時間，研究更有超過三十年的歷史，「蘋果明日教室」（Apple Classroom Of Tomorrow, ACOT）計畫應是此類應用大規模研究的濫觴。ACOT 是電腦普及之後，人們堅信科技可提升教學品質下的產物。這項計畫在 1985 年開始，由美國蘋果電腦公司（Apple Computer Inc.，賈伯斯回歸後於 2007 年將公司名稱去掉「Computer」成為 Apple Inc.）贊助，結合研究人員和教師，首年在橫跨全美 K-12 學校的 7 個教室中裝置電腦設備，啟動一連串關於科技輔助學生學習的大型專案研究計畫。在那個網際網路尚不普及，無線網路仍未問世的時代，ACOT 讓每一位參與計畫的學生在學校和家裡各有一部電腦，在上課過程中，學生和教師可以透過網路線相連的電腦互動。其後在 1998 年美國國家科學基金會（National Science Foundation, NSF）加入贊助，ACOT 開始跨出美國本土，成

為國際性大規模應用研究計畫。

ACOT 在十年報告書 [13] 中指出：「經由在教學中使用多媒體科技之後，一位教師更能引導他的學生，讓他們建立自己的知識，做自己學習的主人。」證明了以新科技作為觸媒，可以澈底打破傳統教室的沉悶，揭示新的教學模式、新的教學習慣、新的評估標準、以及新的學習方法，引導教育的新走向。

雖然諸多應用研究證明了將科技帶進教室能夠有效改變教師教學與學生學習方式，然而 ACOT 之後的二十年，教師在課堂教學中應用科技的型態大多數卻仍局限於單向傳播的 PPT 教學。其主要原因在於政府及學校在推動教學上應用資訊科技大多只重視硬體投資，較少關注相關軟體、教學方法與教師專業養成等工作，而這些對於資訊科技融入教學的成功與否卻占有比硬體建置更重要的角色。

資訊科技融入教學要成功必須考量「人」、「事」、「物」等三項要素，不可偏廢。首先，「物」指的是硬體環境建置，包括教學與學習使用的軟硬體，以及通暢的網路設施。相較

13　https://www.apple.com/euro/pdfs/acotlibrary/rpt22.pdf

之下，這算是容易的工作，要注意的是必須找到合宜的教學系統讓教師能輕鬆快速上手。其次，「人」指的是能熟練操作資訊科技系統的教師，這有賴融合教學應用情景的專業培訓。最難的部分則為「事」這個環節，也就是教師如何善用科技帶來的效能，提高教學質量並提升學習成就。

推動資訊科技融入教學必須考量三項要素

　　有許多學校在建成科技化教學環境之後，即使做了多次培訓，仍然很難讓全部或多數教師有效地應用，甚至發現很

多教師會落入課堂教學常見的誤區。究其癥結，關鍵應在於教師們在使用科技教學時失去了關注的焦點，也就是教學本身。

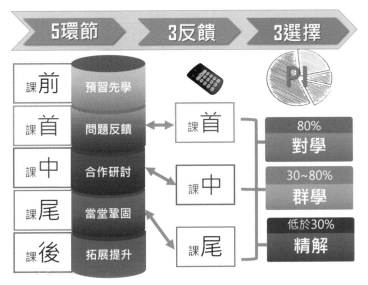

533 模式融合 TBL 與 PI 教學法

福建省上杭一中在所發行的《以 533 模式實踐信息技術與教育教學的深度融合》一書中，分享他們如何透過發展學校本位的「533 智慧課堂教學模式」（以下簡稱「533 模式」），完成一次高中高效課堂的實踐與探索經驗。

「533 模式」融合 TBL 團隊合作學習法和 PI 同儕教學法

精神，提出課堂教學「5 環節」，以學定教「3 反饋」，問題解決方式「3 途徑」（選擇），全面打造高效課堂教學模式，其核心是「3 不講」，也就是學生自己能學會的不講，學生之間通過合作學習可以解決的不講，以及即使教師講了學生也不懂的不講。

5 環節

傳統上將教學分成課前、課中和課後三個環節，「533 模式」則進一步再將課堂教學時間細分為課首、課中和課尾，形成五個環節並各有教學著重點。

1. 課前預習先學：學生依照「導學案」的要求，在課前完成自學，明確學習目標，預習課文與核心知識，初步建構知識體系思維導圖，並限時、獨立完成自測題。學生通過先學，自行發現問題、提出問題，帶著問題進課堂。

2. 課首問題反饋：課堂教學一開始便進行預學檢測活動，通過學生互查、互批互改、IRS 即時反饋等手段，了解學生預習情形，總結暴露的問題，為互動研討做準備。

3. 課中合作研討：包括合作學習與再反饋、點撥講解和歸納拓展三個交互使用的步驟。對於反饋暴露出的多數學生不會的問題，以學習小組為單位進行討論，互幫互學，生生互動。合作學習仍不能解決的問題，通過點撥講解來解決，引導學生對知識進行歸納梳理，找出規律，完善知識體系思維導圖，讓學生零散的知識系統化、條理化。

4. 課尾當堂鞏固：每一堂課結束之前，務必讓學生對該堂教的所有材料能夠熟練並理解，因此必須設計適當問題，以 IRS 或其他反饋方式獲取學情。若時間允許，可以當堂講評，若不允許，則可由學生課後通過網路平臺進行自主補救學習，或在下一節導入新課時講評。

5. 課後拓展提升：通過網路平臺來進行，教師根據課堂內三個環節所得到的學情反饋，在網上布置問題讓學生課後練習。所布置問題必須有助於學生拓展課堂上獲取的知識概念，進一步提高學習成效。

⟩⟩ 3 反饋

在課首、課中和課尾三個環節，教師都必須以 IRS 提問，要求學生反饋，以獲得真實學情。

⟩⟩ 3 選擇

基於「同儕教學法」在學生以 IRS 進行反饋之後，依據答題通過率選擇採行的教學策略。

1. 對學：問題通過率超過 80%，表示大多數學生對該題所代表的知識概念已有掌握，可於課後為答錯的同學搭配一位答對的同學進行個別輔導，不浪費課堂時間為極少數學生服務。

2. 群學：問題通過率介於 30% 到 80% 之間，通過同伴之間小組合作學習的方式解決問題。

3. 精解：問題通過率低於 30%，表示大多數學生對該題所代表的知識概念仍存在迷思概念，教師應於課堂上仔細講解，並於解說之後再次提出相同概念問題進行反饋。

　　在高中推進資訊科技融入教學是難度最高的學段，主要原因除了學生面臨升學考試的龐大壓力外，教師年齡普遍較國中小學為高，對資訊科技接受度較慢。上杭一中在全校建置智慧教室時，全校教師平均年齡達到偏高的 47 歲，「533模式」讓教師在運用資訊科技融入教學初期有一個依循的方法，只要照著模式設計的步驟與內容，就能完成一次高效課堂教學。

　　藉由「533 模式」，上杭一中不僅成功地讓資訊科技與課堂教學深度融合，實施成效也讓學校收穫這種善用學校本位教學模式所帶來的甜美果實。教師團隊不僅在各學科教學競賽中表現突出，更在中央電教館主辦的年度「全國中小學創新課堂教學實踐觀摩活動」大賽中連續兩年獲獎數在高中組獨占鰲頭。學生平均成績更從入學時大幅落後全市其他各校，三年內超車到前段班，最終在高考表現上取得佳績。

　　從上杭一中的發展經驗來看，當然不是單單只有「533模式」就能讓學校成功推進資訊科技融入教學，其他包括學校領導的親力親為，以及推出多項教師專業成長措施與活動，也都是重要因素。但不可否認地，校本教學模式使每一個人

都能專注於課堂教學及其科技應用方式，讓教師們少走彎路，免去摸索與嘗試錯誤時間，的確幫助他們打造了基於資訊科技的教師有效率、學生有效益和課堂有效果的高效課堂。

他山之石，可以攻錯。正在推動資訊科技融入教學的學校，不妨借鏡上杭一中《以 533 模式實踐信息技術與教育教學的深度融合》專書所揭示的理論基礎、設計思路與各科案例，梳理自己學校特色，發展出特有的學校本位教學模式，成功打造一所現代化智慧學校。

第30講

少才是多・無才能有・慢才會快

福州金山中學陳蕾老師發來一篇她的政治課教學記錄與反思〈換一種上課方式〉[14]，文章最後她總結：「從教師為中心走向學生為中心，其實是一件滿難的事，需要放下『執念』、閉上嘴巴，然後讓學生成為課堂裡的主演！」

的確，教師要改變長久以來慣用的教學方式，轉變課堂模式，最大障礙並不是教室裡的學生，而是自己，是自己放不下的「執念」。其實學生期盼的是教師可不可以讓他們真正成為自己學習的主人，只要給機會，他們會在一次一次的嘗試中成長。

〈從教師中心到學生中心的課堂〉（請見本書第 202 頁）一文介紹了教學型態轉變的三個階段，陳蕾教師的反思文則呼應〈課堂教學的「四不一沒有」〉（請見本書第 186 頁）一文所提出的，教師實踐以學生為中心教學心態轉變的過程。

　　那麼對教師來說，有沒有一套簡單心法可以時時放在心中，使教學朝向更為生本的課堂前進呢？

　　在觀課數百堂之後，我從許多有才華的教師身上學習，並總結出一套心法：「少才是多，無才能有，慢才會快」。

　　一個課堂的主要組成不外乎人事時地物，「時」是指課堂時間，介於 35 至 50 分鐘，視各地不同的規定；「地」就是教室；「人」包括任課教師和學生；「物」主要是教材、教具、學生作業與練習等；「事」則是教學與學習活動。在這五個要項中，「人」和「地」在現今教育體系下是固定不動，教師無法操控改變的。也許有人會說教師可以把學生帶到教室以外的「地」方上課，那當然可以，但大多數情況並不這麼做，即使換了上課地點，在課堂時間內也絕少再改變，也就是不會跑來跑去；當然「人」也不會是上課鐘響時是一批人來上課，到了下課前這些人全換了。因此對教師而言，師生共同完成一個課堂教學需要的是調控「事」、「物」和「時」這三項要素。

少才是多

英國詩人羅伯特・布朗溫（Robert Browning）在他的詩作〈無暇的漆匠〉（The Faultless Painter）中寫下了這句名言："Less is More"，少才是多。自此，「少才是多」即被多方使用，例如在建築界中著名的巴塞隆納館（Barcelona Pavilion）和日本的禪風建築等，都使建物澈底展現「少才是多」的迷人風格。

「少才是多」並不是單純地把一些外在事物變少而已，它其實是將深厚內涵以簡單的形式表現。現今科技產品大部分人都推崇蘋果的設計，簡約的風格使美油然而生，而這正是基於創辦人賈伯斯的個人哲學：「人生中最重要的決定不是你做什麼，而是你不做什麼。」做了會變多，不做則會變少，核心自然而然就會顯現。

教學中的「少才是多」可以從三個方面來看：

1. 教師占用時間要少：課堂上教師角色至關重要，但這並不表示教師要將所有責任攬在自己身上。學習是每一個學生自己應該負起的責任，教師要做的是透過教材設計與教學活動讓他們願意學、懂得怎麼學，更重

要的是學得好。因此，在教學活動中，除非必要，否則教師應該盡量減少掌控、主導課堂時間。當教師占用的時間少了，這些空出來的時間勢必要讓學生以練習、規畫、分工、合作、思考、研討等活動來填補，學習才能更加深入。

2.教師課堂說話要少：課堂上最重要的教學活動是教師與學生間，以及學生彼此間的對話研討，透過這些對話內含訊息，引導學生彼此思維碰撞，觸發深度學習。若是課堂上教師滔滔不絕地講，無論師生或生生間的對話時間勢必縮減，呈現的便是被動聽講的教學型態。當教師刻意把自己說話的時間減少了，自然要讓學生來補上這些空出來的時間。

3.教師給的提示要少：教學中對學生提問要想清楚這個教學行為的目的，有許多提問，特別是教學過程中的問題，其目的不應該是追求更高的學生答對率，而是透過問題引導他們思考發現問題背後的知識概念。問題設計得好不好當然重要，但更重要的是提出問題之後，教師如何提示與引導。杜威曾說：「一個人可能

需要學習如何思考『得當』，而非學習『如何』思考。簡而言之，訓練必須依賴先前獨立存在的天賦；訓練和思考的方向有關，而不是要創造思考能力。」提問既然是一種思考訓練，教師提示便應該和思考的方向有關。正因如此，提示語如「你怎麼會覺得是……」，或是「能不能說說你為什麼從……想變成……想」，就要比「你的意思是不是……」，或「看清楚題目說的條件一是……，條件二是……，所以你想答案應該是什麼？」要來得恰當。

教師經常提醒自己占用時間少，學生時間就會變多；說的話少，學生說的就會變多；提示給得少，學生思考就會變多，進而深入。「少才是多」既是一項教學技巧，更是一種教學哲學。

無才能有

教師備課時都會製作課堂上要使用的教材 PPT，教材中的每一頁都經過再三思索、斟酌才完成，有些甚至會配上精

采動畫和美妙音樂。正因如此，課堂上即使在問答過程中，當學生們都能給出和教材相符的內容，表現出對於知識概念掌握已經相當不錯的時候，教師仍捨不得放棄這些對學生來說已經過於簡單或是已經理解的教材頁面，也還總是把事先做好的頁面放出來再說一次，彷彿不經過自己的嘴裡說出來的，學生就無法真正學會。

可是大多數教師卻總是喊著課堂時間不夠用，天天都在趕課，自己卻浪費了很多時間。

另一方面，教材內容是由教師製作，其設計思路本質上都是教師觀點，而非基於學生觀點。多年來教師們大多已經習慣上課時照著教材來講，而到實際課堂上去看，常會看到充滿文字的教材畫面，這樣的教材其實是教師的提示稿，而不是學習的材料。

試想，一堂課下來，教師照著教材內容一頁一頁講，學生一個字一個字的看和聽，他們何時能有自己的思維？如何能把自己的思考貢獻在課堂上，進而產生思維碰撞呢？

因此，當教師只準備必要、少量的教材內容，甚至完全不準備教材，那麼課堂上師生互動的材料就必須要由學生來

供應，這些學生供應的課堂素材，無論是對於問題的反饋、寫下的文字或畫出的圖案，恰恰真實反映了他們當時的思維，這才是真正貼近他們的最好的教材。

也許有人會覺得這不行啊，怎麼可以完全不準備教材PPT 呢？其實不用擔心，科技使教師和學生的素材生成變得非常方便，需要課本上的文字圖片或是學生的練習結果，用手機或實物提示機一拍就能馬上呈現。

教師刻意的「無」，滋養了生成性課堂的肥沃土壤，使學生「有」了持續不斷產出學習素材的機會，學習才能得以生長茁壯。

慢才會快

教師在教學進度的安排大多採「平均」的概念，例如一學期二十週要教十個單元，平均下來兩週就要教完一個單元。當有一堂課落後進度，或是課程以外活動占用課堂時間，教師就必須在後續上課時間設法趕上「進度」。

但，這完全是把書教完的邏輯，而不是以讓學生學會為目標。

　　幾乎所有課程的安排都是由易而難，由簡而繁，這就使得基礎概念的學習變得十分重要。畢竟排在前面的基礎教材沒學好，後面複雜困難的內容就更學不會了。另一方面，對學習者來說，學會如何學習是最重要的目標，當學生有了正確的學習與思考的方法，任何知識概念的學習難度就會變低。

　　從這樣的角度來思考，教師必須讓學生在基礎單元或基本的教材內容學習上有充分的時間來學好。唯有讓他們把根基打好，才能順利推進後續艱深內容的教材。由此觀之，平均分配每一單元的教學時間顯然是不恰當的，而應該是開始時「慢」，這個慢是為了後面的「快」打好基礎。

　　學習就像馬拉松長跑，一開始快速衝刺的選手篤定很難成為最後贏得桂冠的人，而是懂得配速，蓄積能量的高手，才能在最後衝刺階段取得錦標。

　　那要如何「慢」呢？慢的方法就是「沉浸」（immersion），因為沉浸是學會的要素，教師要使學生沉浸在教材中，沉浸在學習活動中，沉浸在彼此的研討與對話中，而沉浸需要的是充足的時間。時間越充足，學生越能從各項學習活動和教材內容中獲取正確的知識概念，學會如何學習。

　　肯‧羅賓森爵士在 TED 演講會上曾說，現代教育問題在於學校以工業化模式來辦教育，一切要求速成、標準。但教學應該要採農業模式，農夫的工作在於創建合適生長的環境，使農作物在滋養下長成，萬事具足它們自然就會百花齊放，就會欣欣向榮。

　　揠苗助長短期看起來生長得不錯，但時間一長反而令其枯萎。

　　「少才是多」、「無才能有」、「慢才會快」是從學習者角度思考的教學哲學，也是一套學生中心的教學心法，涵蓋了教學的所有層面，包括時間安排、教材內容和課堂行為。既是心法，實踐方式自然也就不難，那就是要隨時提醒自己，不要說太多、不要給太多、不要想著要快點。

國家圖書館出版品預行編目資料

數位時代的學與教：給教師的建議30講／王緒溢著.
　--初版 . --臺北市：幼獅，2019.01
　　　面；　公分. --（工具書館;13）
　　ISBN 978-986-449-132-2 　（平裝）

　1.教學科技2.教學設計

　521.53　　　　　　　　　　　107017277

・工具書館013・

數位時代的學與教：給教師的建議30講

作　　　者＝王緒溢
校　　　對＝徐慧鈴
出 版 者＝幼獅文化事業股份有限公司
發 行 人＝李鍾桂
總 經 理＝王華金
總 編 輯＝林碧琪
主　　　編＝林泊瑜
編　　　輯＝周雅婷
美術編輯＝李祥銘
總 公 司＝(10045)臺北市重慶南路1段66-1號3樓
電　　　話＝(02)2311-2832
傳　　　真＝(02)2311-5368
郵政劃撥＝00033368

印　　　刷＝崇寶彩藝印刷股份有限公司　　　幼獅樂讀網
定　　　價＝280元　　　　　　　　　　　http://www.youth.com.tw
港　　　幣＝93元　　　　　　　　　　　e-mail:customer@youth.com.tw
初　　　版＝2019.01　　　　　　　　　　幼獅購物網
書　　　號＝932018　　　　　　　　　　http://shopping.youth.com.tw/

行政院新聞局核准登記證局版臺業字第0143號